MANUAL de CONSEJERÍA PARA EL TRABAJO CON ADOLESCENTES

ESTEBAN OBANDO
KAREN LACOTA
ADRIÁN INTRIERI

e625.com

MANUAL DE CONSEJERÍA PARA EL TRABAJO CON ADOLESCENTES
e625 - 2018
Dallas, Texas

Todas las citas Bíblicas son de la Nueva Biblia Viva (NBV) a menos que se indique lo contrario.

Editado por: **María Gallardo**
Diseño interior y adaptación de portada: **JuanShimabukuroDesign**

ISBN: 978-1-946707-01-7

IMPRESO EN ESTADOS UNIDOS

CONTENIDO _

PRIMERA PARTE

SEGUNDA PARTE

PRIMERA PARTE

capítulo 1

La necesidad de educación en la consejería

Por Esteban Obando

El tema no requiere demasiada justificación. Todos sabemos que los adolescentes enfrentan situaciones límite con las que deben lidiar y decisiones que deben tomar en el transcurso de esta etapa que pueden abrirles un futuro mejor o peor. La vida de una persona se levanta o se derrumba por las decisiones que tome y por eso es importante distinguir que la consejería no es solo un programa más de la iglesia, o una nueva clase de reunión dinámica con adolescentes. La toma de una sola decisión puede tener un increíble poder transformador en la vida de una persona. Y todos los programas que organicemos, por más elaborados y profesionales que sean, no funcionarán si esos adolescentes están lidiando con realidades más profundas que los quiebren por dentro.

¡Es allí donde un consejero preparado tiene su influencia principal! Esa es la línea de pensamiento que nos mueve a escribir este libro.

Al meditar sobre esto me viene a la mente Mateo 9.36, aquella escena en la que Jesucristo, al ver a las multitudes, *«tuvo compasión de ellas, porque estaban agobiadas y desamparadas, como ovejas sin pastor»*. Otras traducciones dicen *«desamparadas y dispersas»*. La idea es la misma. Jesús mira a las personas y se compadece de ellas. Parecía como si nadie las cuidara ni les diera alimento. Y Él siente misericordia...

No es tan distinto el panorama cuando pensamos en las nuevas generaciones, ¿verdad? Hay millones de chicos que viven en un mundo de soledad. Chicos con padres ausentes, sin figuras paternas que les aclaren como decidir. O chicos que tienen cerca adultos capaces, pero sin deseos de darse por los que vienen después de ellos.

No te equivoques. La consejería no es un programa. Es una vocación que mueve los sentimientos y la razón y, por lo tanto, nos impulsa a prepararnos. Hay personas que están tomando decisiones trascendentales para sus vidas... ¡y las están tomando mal! Una escena que podría ilustrar esto es la de un ser querido que está avanzando, sin saberlo, hacia un precipicio, y entonces es el amor lo que nos empuja a gritarle y a intentar evitarle el dolor que podría experimentar si sigue caminando en esa dirección. Es de suma importancia que mientras piensas en esto te abrume un sentimiento de urgencia. Muchas de las decisiones que los adolescentes están tomando *mientras estás leyendo estas páginas* son decisiones que, para bien o para mal, no tienen marcha atrás.

Tanto Karen, como Adrián, como yo (Esteban) nos presentamos como tus colegas y compañeros de batalla. Los tres queremos que este libro te presente retos y oportunidades. Que te abra los ojos a la necesidad apremiante que tenemos los consejeros de educarnos constantemente. Y que entonces esto te motive a profundizar aun más en la consejería como una de las herramientas más efectivas con las que podemos ayudar a otros y dar a conocer la persona de Jesús y sus deseos para quienes aconsejamos. Nosotros también estamos aprendiendo. Las nuevas generaciones cambian constantemente, y no podemos darnos el lujo de creer que ya lo sabemos todo. Fallamos, nos levantamos, y aprendemos un poco más.

Sabemos que las decisiones más condicionantes de la vida se toman a edades tempranas. Muchas de ellas, bajo la guía de los padres (como ocurre en la niñez), y muchas de ellas (a partir de la adolescencia), de una manera mas individual. Queremos cambiar eso. Queremos que los adolescentes tengan un espacio al que puedan recurrir con sus dudas. Queremos que puedan encontrarte a ti y beneficiarse de esa relación. Queremos que su mentalidad se torne más colectiva. Que se honre la Palabra de Dios cuando dice que la sabiduría para tomar buenas decisiones está fundamentada en que haya muchas personas con capacidad para aconsejarnos (Proverbios 11.14 y 24.6).

Dios ha permitido, de una forma u otra, que tengas en tus manos la responsabilidad de convertirte en un referente para muchas personas alrededor tuyo. Y no es sencillo trabajar con las nuevas generaciones. Esperamos poder ayudarte con este libro.

¿Es la consejería para todos?

En la historia bíblica se nos narra un acontecimiento que arranca con el consejero más famoso de todos: Salomón. El texto nos cuenta cómo Dios había bendecido a este rey de Israel con sabiduría divina (1 Reyes 3). Siendo rey, Salomón fue admirado por muchos por su sabiduría. Luego, al llegar al final de sus días, le sucedió en el trono su hijo Roboam. La tradición dictaba que en una dinastía era el hijo del rey quien tomaría el control, pero ninguna tradición demandaba que el futuro rey fuera sabio. Cuando Roboam subió a reinar, el país se encontró en una crisis que requería liderazgo. El pueblo le gritaba al rey pidiendo justicia y libertad. El eco del grito del pueblo retumbaba en sus oídos: «¡Disminuye la esclavitud y la carga tan pesada y prometemos obedecerte!». Decisiones de esa clase no se toman a la ligera, por lo que el joven líder pidió un plazo para poder pensar y dar una respuesta sensata. Su primer impulso fue el de consultar a los consejeros que habían servido bajo el gobierno de su difunto padre, y la respuesta de ellos no se hizo esperar: «Haz como el pueblo te ha pedido, se benevolente con ellos, retira un poco de la carga que tienen», le dijeron. Insatisfecho con esta respuesta, Roboam buscó otros consejeros. Jóvenes con un gran ímpetu, pero con una gran falta de experiencia y sabiduría. El consejo no pudo ser más opuesto al que había escuchado de los ancianos. «Eres el rey, y no debes ceder ni un paso ante las exigencias de la gente. Debes poner más carga sobre ellos y que reconozcan quien eres tú», le aconsejaron los muchachos.

El final de la historia es bastante triste. Roboam «fue a consejería» con dos clases de consejeros distintos, y luego decidió obedecer el consejo equivocado (1 Reyes 12.1-19). Castigó con mano dura al pueblo de Israel, y a raíz de este incidente la nación judía reaccionó, se rebeló, y al final se dividió. En ese momento, la una vez próspera y victoriosa nación escogida se partió en dos grandes bloques: Israel en el norte, y Judá en el sur.

La decisión de un joven afectó a cientos de miles de personas desde el día uno de su reinado. Y todo por un asunto de consejos. ¿Te parece que la consejería es un tema nuevo? ¡Tiene miles de años de estar entre la humanidad, y su impacto sigue siendo poderoso! También Jesucristo, en los tiempos del Nuevo Testamento, se encuentra con Nicodemo, un doctor y estudioso de la Biblia que busca en secreto la dirección y la sabiduría de Jesús (Juan 3). Y Pablo les da consejo a sus discípulos Timoteo, Tito, Filemón. Como ves, el tema del consejero y sus aconsejados se repite una y otra y otra vez en el texto bíblico.

¿Es la consejería para todos? ¿Me llamó Dios al ministerio de consejería? Si estas son las preguntas que te están rondando en la cabeza ahora, entonces yo podría responderte con otra pregunta: ¿Te llamó Dios a ser de influencia y a bendecir a otros con tu vida? La respuesta a esta segunda pregunta debería ser congruente con las respuestas a las dos primeras. ¡No hay escapatoria! Si eres un seguidor de Cristo Jesús, entonces tienes un llamado puntual y claro a ser sal y luz en el mundo, a ser de bendición a los demás, y a hablar la palabra buena para la necesaria edificación a fin de dar gracia a los que te escuchen (Efesios 4). La pregunta entonces cambia radicalmente. La pregunta que deberías hacerte es: ¿Estoy capacitado para hacer frente a la tarea que Dios ya ha depositado en mis manos? De eso se trata este libro...

A lo largo de estas páginas reflexionaremos juntos sobre una cantidad de situaciones que pueden tocar a tu puerta esperando una respuesta, y sobre el potencial (para bien o para mal) que tu respuesta va a tener frente a esas situaciones. Y vamos a encontrarnos con jóvenes deseosos de hablar de sus pecados y problemas, pero subyugados por una cultura que no acepta (en la práctica, al menos) que externalicemos nuestros secretos más íntimos, profundos y vergonzosos. No, no me refiero a la cultura posmoderna. Me refiero a la cultura cristiana.

La cultura del secreto

Una de las principales barreras con las que deberás trabajar es la del secreto. Hemos sido programados para callar nuestras faltas o dudas. Esto se da especialmente en el caso de varones, pero es bastante universal. Y se da ya sea por desconfianza, vergüenza, orgullo, o incluso por una programación cultural por parte de la iglesia. Y es que dentro del mundo cristiano latinoamericano, la iglesia evangélica ha respondido a la confesión de pecados de una manera poco bíblica. Déjame explicarlo más detalladamente:

Dentro de nuestra Latinoamérica tradicional, la iglesia cristiana ha antagonizado con la iglesia católica, al punto de desechar TODO lo que ella hace. Por lo tanto, al ser una práctica común en la iglesia católica, la confesión de pecados es una de las disciplinas cristianas que la iglesia evangélica ha dejado de lado por siglos. Lamentablemente, parece ser que algunos sectores de nuestra iglesia se enfocaron en lo que la iglesia católica hacía, para entonces practicar lo opuesto, olvidándose que en los temas de fe y de vida cristiana nuestra autoridad final es la Biblia, y no lo que haga o deje de hacer otra iglesia. No vamos a generalizar englobando a todas las iglesias evangélicas del continente, pero una buena parte de ellas ha caído en esta conducta.

Sin duda alguna esta «reacción» en el sentido opuesto a cualquier cosa que hiciera la iglesia católica nos ha librado de muchas cosas que, entendemos, no debemos hacer. Pero a la vez hemos dejado de lado muchas otras prácticas que podrían traer bendición a nuestras vidas. Entre ellas, la confesión de pecados. Haga lo que haga la iglesia católica, el principio bíblico no ha cambiado: *«...confiésense unos a otros sus pecados, y oren unos por otros, para que sean sanados...»* (Santiago 5.16).

Claro que para muchos, la sola idea de desnudar su alma ante otra persona, ya sea «cura», «padre», «pastor», o quien sea, es motivo de duda, vergüenza o hasta ira. *«¿Cómo voy a contarle mis pecados a otro pecador igual que yo?»*, suelo escuchar. ¡Parece ser que nunca hubiéramos leído o estudiado Santiago 5.16! Aparentemente muchos creen que esta práctica fue inventada por una institución para mantener el control de las cosas, y se olvidan el principio que Dios escribía miles de años antes, con el fin de cuidarnos y hacernos más sencillo el camino por esta tierra.

No, la confesión no fue un invento de la iglesia católica. Fue un invento de Dios. Y nuestros jóvenes de hoy siguen necesitando oídos que los escuchen y personas que los entiendan. A pesar de la tendencia generalizada a callar lo que nos sucede, los adolescentes de nuestros países siguen a la búsqueda de relaciones significativas. De personas que puedan darles respuesta a sus crisis de identidad, a sus conflictos en casa, y a sus luchas espirituales. Personas que nos los juzguen por lo que hacen, sino que les den una palabra sabia de aliento y dirección. ¡Esa persona eres tú!

Como lideres de las nuevas generaciones, tenemos que romper con esta tradición de callar. No olvides que la iglesia está para acompañar y ayudar. Asegúrate de ser una persona confiable. Recuerda también que los adolescentes son personas muy relacionales. Si hay un momento en la vida de una persona en el que las relaciones son importantes, ¡es en la adolescencia! Así que, si quieres romper la cultura del secreto, debes de asegurarte de demostrarles a tus adolescentes que te importan... y esto se logra solo a base de relaciones significativas.

¿Ya estoy listo?

Una nota breve para mis colegas pastores

Tradicionalmente hemos visto a la iglesia funcionando con una figura pastoral centralizada, y al pastor como el consejero de toda la iglesia. Hoy me atrevo a plantear una tesis que podría en muchos círculos causar malestar o controversia: ¡Es urgente que descentralicemos la figura pastoral y les demos a los líderes la posibilidad de ser también pastores de los adolescentes! La consejería del pastor seguirá siendo importante, sin lugar a dudas, pero, en honor a la verdad, la carga se hace muy pesada para llevarla solos. Que no nos encontremos un día en nuestros ministerios, cansados y desgastados, recordando el consejo que Jetro le daba a Moisés varios miles de años atrás...

> *«Cuando su suegro vio cómo procedía Moisés con el pueblo, le dijo:*
>
> *—¡Pero qué es lo que haces con esta gente! ¿Cómo es que sólo tú te sientas, mientras todo este pueblo se queda de pie ante ti desde la mañana hasta la noche?*
>
> *—Es que el pueblo viene a verme para consultar a Dios —le contestó Moisés—. Cuando tienen algún problema, me lo traen a mí para que yo dicte sentencia entre las dos partes. Además, les doy a conocer las leyes y las enseñanzas de Dios.*
>
> *—No está bien lo que estás haciendo —le respondió su suegro—, pues te cansas tú y se cansa la gente que te acompaña. La tarea es demasiado pesada para ti; no la puedes desempeñar tú solo. Oye bien el consejo que voy a darte, y que Dios te ayude. Tú debes representar al pueblo ante Dios y presentarle los problemas que ellos tienen. A ellos los debes instruir en las leyes y en las enseñanzas de Dios, y darles a conocer la conducta que deben llevar y las obligaciones que deben cumplir. Elige tú mismo entre el pueblo hombres capaces y temerosos de Dios, que amen la verdad y aborrezcan las ganancias mal habidas, y desígnalos jefes de mil, de cien, de cincuenta y de diez personas. Serán ellos los que funjan como jueces de tiempo completo, atendiendo los casos sencillos, y los casos difíciles te los traerán a ti. Eso te aligerará la carga, porque te ayudarán a llevarla. Si pones esto en práctica y Dios así te lo ordena, podrás aguantar; el pueblo, por su parte, se irá a casa satisfecho.*
>
> *Moisés atendió a la voz de su suegro y siguió sus sugerencias. Escogió entre todos los israelitas hombres capaces, y los puso al frente de los israelitas como jefes de mil, cien, cincuenta y diez personas. Estos jefes fungían como jueces de tiempo completo, atendiendo los casos sencillos pero remitiendo a Moisés los casos difíciles.»* (Éxodo 18.14-26).

La mayoría de los líderes de adolescentes no reciben salario, ni reconocimiento, y en muchos casos ni siquiera se les da espacio para el pastoreo. A veces se les deja ser maestros o predicadores, pero el pastoreo es más profundo y más vital. Y los pastores principales tenemos que recordar que es nuestro deber *«...capacitar al pueblo de Dios para la obra de servicio, para edificar el cuerpo de Cristo»* (Efesios 4.12)

Es importante entonces que les demos espacio para que ellos aconsejen, escuchen y sean el soporte para nuestros adolescentes, sin inseguridad o miedo de perder nosotros terreno en la iglesia. Un pastor con un liderazgo saludable no hace todo, sino que encuentra a las personas idóneas y las coloca en los puestos apropiados. Debemos tener la capacidad y la humildad necesarias para reconocer que hay líderes sin la experiencia nuestra, o inclusive sin nuestros estudios, pero a los cuales Dios les ha dado una capacidad especial de ser pastores y consejeros de adolescentes.

Mi propuesta no es que entreguemos todo y nos deshagamos de nuestra responsabilidad. Mi propuesta es que comencemos a capacitar personas y a empoderarlas para que el ministerio –en este caso, de consejería– sea más amplio que solo poder hablar unos minutos a la semana con el pastor.

Creo que los pastores generales debemos enfocarnos en capacitar a los santos y ponerlos en los lugares donde sean mas efectivos, de acuerdo a sus capacidades y dones. Es hora de que veas a tus líderes como aliados para bendecir a otros chicos. Somos un cuerpo, y hay cualidades que tus líderes de adolescentes tienen que tal vez tú no tengas (¡y no hay ningún problema en eso!). Hay, además, oportunidades y puertas que se les abrirán a ellos que tal vez a ti no se te abrirán. Y repito, ¡no hay ningún problema! Suma esfuerzos con ellos, y bríndales espacios para que otros jóvenes se acerquen a ellos sin que tengan que pasar por ti. Entrénalos y hazte a un lado. Trabaja en equipo y confía en los demás. Desde luego, sé responsable en la delegación de funciones, pero no trabajes solo.

Queridos colegas pastores, no seamos inseguros ni soberbios, y aceptemos la realidad de que Dios también les ha dado dones a otros. Puede que sean personas menores, más inexpertas, con fallas, o aun necesitados de consejo. Pero a fin de cuentas, ¿quién no lo es? Todos estamos en un proceso de crecimiento, y todos necesitamos oportunidades para desarrollarnos ministerialmente.

Yo soy pastor general en una iglesia, y sé lo que una idea como esta puede generar en nuestros sentimientos. Pero debemos recordar la responsabilidad que se nos ha entregado de administrar adecuadamente el tesoro mas preciado de nuestro Dios: Su Iglesia. Para eso, entonces, tenemos que darles el espacio y el entrenamiento necesarios a nuestros líderes juveniles, para que ellos trabajen hombro a hombro con nosotros en la labor pastoral.

¡Ánimo pastores! ¡Compartamos la carga, y sigamos avanzando!

capítulo 2

¿Por qué somos como somos?

Por Adrián Intrieri

Construcción de la identidad adolescente

Uno de los aspectos más relevantes a la hora de analizar el desarrollo adolescente es justamente el tema de la construcción de la identidad. Cuando nos referimos a la *identidad* estamos refiriéndonos a lo que hace que seamos lo que somos. Y la realidad es que jamás llegaremos a ser una obra terminada, sino que todos estamos en un constante crecimiento de nuestra identidad. Por otra parte, podemos dejar de ser lo que somos en cualquier momento. Por eso es que nuestra identidad no está nunca cerrada y definida, sino en un constante devenir.

Características de la identidad

La identidad es lo que nos permite relacionarnos con la realidad. Es la identidad la que nos permite darnos cuenta de quiénes somos, nos ayuda a comprender cómo somos, y nos empuja al desafiarnos hacia donde deseamos ir. No existiríamos sin identidad, porque no tendríamos acceso a sentir que existimos.

Pero la identidad no solo construye la realidad de nuestra existencia, sino que también se toma el trabajo de explicárnosla. ¿Cómo logra hacer esto? ¿Cómo hace la identidad para mostrarnos quiénes somos? Utilizando como herramientas los *hitos*. Los hitos son escenas que explican nuestra vida. Si deseáramos remontarnos a nuestra infancia, seguramente encontraríamos imágenes de nuestra infancia que han quedado grabadas en nuestra mente, y que cumplen la función de explicarnos cómo vivenciamos esa etapa de nuestra vida.

Si yo me remonto a mi infancia, recuerdo mi vecindario, el parque, y me veo jugando sentado en la arena con mi hermano mientras mis padres nos vigilan desde un asiento cercano. Lo veo como si fuese una fotografía. Esto es un hito. Es justamente esa fotografía la que me explica lo sucedido durante esa etapa de mi vida. Entonces, al desear rememorar alguna situación de mi vida, me remonto a esas fotografías o hitos.

Los hitos nos permiten tener consciencia del tiempo vivido y de cómo fue vivido. Por lo tanto, la identidad se nutre de los hitos para construir nuestra historia y hacernos dueños de lo que vivimos y nos formó, haciendo que seamos lo que somos.

Pero algo sucede con estos hitos y la adolescencia actual. Por distintos factores, estos hitos se construyen desasociados y discontinuos unos de otros, y entonces la identidad arma todo el universo de nuestra vida con una serie de hitos desligados.

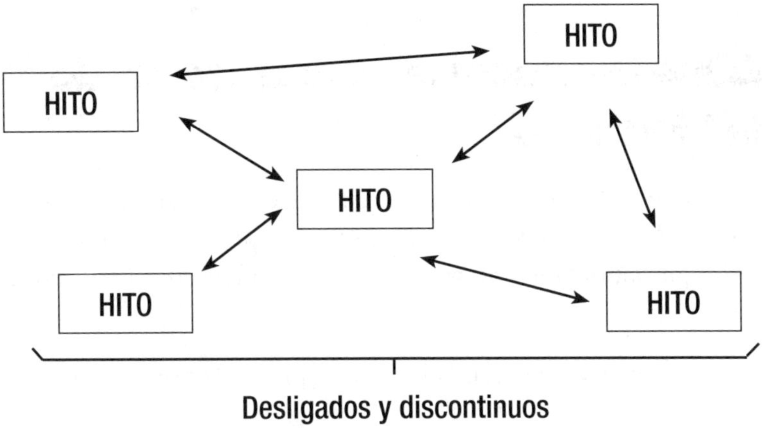

Son puntos infinitos, vivenciados en millones de situaciones que hacen que seamos lo que somos, pero en este caso aparecen como hitos (o escenas, o fotografías que explican lo que somos) separados y mezclados. Estos hitos desligados son vividos intensamente, con una pasión desmedida y exagerada. Por eso al adolescente le cuesta tanto unir estos hitos y darle un sentido a su historia. No sabe por qué es como es, o por que se comporta como se comporta. Pero siente de repente un amor ilimitado, o una bronca interna que exterioriza como conflicto.

Los adolescentes muchas veces se comportan antisocialmente y no saben por qué... Yo creo observar, y es solo una hipótesis, que no hay conciencia de lo irreparable. Siguen pidiendo a gritos que los amen cuando no los amaron, o que los cuiden cuando no los cuidaron, y al no comprender por qué no pueden conseguir esto, lo traducen en odio, bronca y conflicto. A esto yo lo llamo *propiciación adolescente*. Es esa necesidad imperiosa de solucionar lo que sienten que se hizo mal, teniendo que encontrar un culpable que pague por ello. Esta acción propiciatoria es la que lleva al adolescente a construir una vida de reacciones desmedidas y fuera de control, pero que en el fondo pide a gritos que le den lo que estuvo ausente.

¿Qué involucra la construcción de la identidad?

Como verás, no es fácil de comprender la construcción de la identidad en una persona. Es un tema mucho más complejo de lo que suponemos a simple vista, pero trataremos de teorizar algo al respecto.

Por empezar, la identidad está comprendida por tres momentos:

- La etapa del descubrimiento de sí mismo
- La etapa de formación del proyecto de vida
- La etapa de la inclusión de las distintas esferas de la vida

Estas tres etapas son necesarias para que el niño, ya convertido en adolescente, vaya construyendo los pilares de su identidad.

Primera etapa: El descubrimiento de sí mismo

Esta etapa requiere mucho esfuerzo y trabajo, justamente porque no es fácil construirnos como personas. Esta es una de las acciones más complicadas (pero también de las más provechosas) de la vida. Esta etapa es como un plan aterrador para el niño, que requiere un desgaste de energía extra que lo agota, pero que no puede ser detenido.

Recordemos que el infante se desarrolla teniendo como fuente de información confiable a sus sentidos. Conoce del mundo, de los demás y de sí mismo, por lo que siente a través de los sentidos externos e internos. A esto lo llamaremos *predominio de los sentidos como fuente de información.*

La etapa del descubrimiento de sí mismo

↓

Predominio de los sentidos como fuente de información.

Es en este momento donde lo importante es lo que sentimos. Todavía no tenemos la capacidad de análisis y construcción que tendremos más adelante. Solo nos damos cuenta de las cosas por lo que nos informan nuestras percepciones. Percibimos acerca de las cosas, de las personas y de nosotros mismos, y quedamos atrapados y esclavizados por los resultados de nuestras percepciones.

Nos pasamos nuestra infancia esclavos de esta lógica, del discurso de los demás que vivenciamos por medio de nuestros sentidos. Por eso decimos que no es cómo vivimos las cosas sino cómo vivenciamos nuestra vida. Y el claro ejemplo es el caso de hermanos mellizos, que nacieron el mismo día, con los mismos padres, y crecieron bajo las mismas circunstancias, y sin embargo uno sale de una manera y el otro de otra, porque depende de cómo vivenciaron o cómo sintieron o percibieron las cosas.

Somos el resultado de la información de ese texto vivido como hitos desligados y desconectados que formaron nuestra identidad.

Este discurso del contexto es el que hace que seamos lo que somos. Surge de la presencia de las especulaciones acerca de quiénes somos, qué podemos hacer y hacia dónde podremos ir. Las especulaciones son juicios del discurso de los hitos, es decir que ya no es solo un texto, sino que lo explicamos desde nuestros sentidos, otorgándoles juicio.

Percepción del

HITO

Especulación de lo vivenciado

↓

Discurso de sí mismo

↓

Construcción de la identidad

↓

Por qué somos cómo somos

No sé en realidad cómo fue mi papá. Lo que puedo recordar es porque, al rememorar el los hitos que tengo acerca de mi papá, siento que mi sentimiento me dice que fue de una determinada manera. Así es que muchos se sienten agradecidos o desilusionados por algo que en realidad no recuerdan bien... Solo tienen acceso al sentir que les ofrece el hito. Y es también desde este sentir que le dimos a los hitos que concluimos con un juicio de valor acerca de nosotros mismos, llamado *autoestima*.

Me sentiré valioso y reconocido si siento que lo fui, si siento que han sido buenos conmigo, si siento que han satisfecho mis necesidades primordiales y si he crecido sintiéndome valorado, aceptado y reconocido. Más allá de lo que haya pasado, sea cierto o no, los resultados los obtendré de mis vivencias. No de las circunstancias reales, sino de las especulaciones de los hitos.

La etapa del descubrimiento de sí mismo

↓

Predominio de los sentidos como fuente de información

↓

Conciencia de la historia a través de los *hitos*

↓

Predominio de las percepciones

↓

Especulaciones del discurso

↓

Construcción de la autoestima

Una tarea más trabajosa y agotadora que podrá hacerse mucho más adelante es lo que llamaremos *autoconocimiento*. Esto es, desmantelar las especulaciones de los hitos y llegar a lo real de las circunstancias vividas sin quedar presos de éstas. Pero esto lo veremos en la tercera etapa.

La primera etapa, entonces, culmina con la construcción de la autoestima. Es decir, el valor que sentimos que tenemos para nosotros mismos y para los demás, según el discurso de sí mismos que obtuvimos de la información que sentimos de los hitos.

El resultado de esta etapa es, por lo tanto, la construcción de la autoestima y la conciencia del valor de sí mismo.

Segunda etapa
La formación del proyecto de vida

La segunda etapa de la construcción de la identidad adolescente tiene que ver con la construcción del proyecto de vida. Si la primera etapa tiene como lógica descubrir quiénes somos, la segunda etapa tiene el objeto de responder a la pregunta de *para qué existimos.* Observemos que esta etapa, más elaborada que la anterior, nos ubica en un lugar de otorgarle propósito a la vida, es decir de descubrir las potencialidades que tenemos más allá de nuestras especulaciones. Aclaremos que para esta etapa la «construcción» no se reduce a lo vocacional sino a la dirección general que le daremos a nuestra vida.

Construir el proyecto de vida es descubrir cuál es el potencial que escondemos. Rara vez estaremos frente a adolescentes que en su acto desarrollan sus potencialidades. La mayoría de las veces, como adultos formadores, deberemos desafiar al adolescente a construir su proyecto de vida, descubriendo primero su propio potencial.

Camino al proyecto de vida

El adolescente se enfrentará durante esta etapa con la terrible tarea de proyectarse, de ubicarse delante de un rumbo a construir. Esto no es nada fácil, y una de las principales características de las nuevas generaciones es precisamente la falta de la construcción del proyecto de vida. ¡Simplemente porque no logran descubrir lo que desean de la vida!

La decisión de esta construcción debe involucrar, además, acciones específicas para lograrlo. Por ejemplo, una gran contradicción de estos tiempos es que, por un lado, es muy sencillo tener información específica sobre muchas profesiones, y por otro, eso produce un aturdimiento a las nuevas generaciones que les hace más difícil elegir.

Los adolescentes, además, viven como un conflicto esta obligación de decidir qué van a hacer con sus vidas. Frente a tantas opciones, el adolescente deberá tomarse el trabajo de elegir algunas y descartar otras, y esto aturde y confunde.

El aporte de los ideales del adolescente

Sumemos a la complejidad de esta etapa el aporte que hacen los *ideales del adolescente*.

Por empezar, debemos comprender que el Yo esta compuesto por la interacción de tres estados, a los que llamaremos *Yo Ideal, Ideal del Yo y Yo Real.* Estas tres son formaciones del yo que escribió Freud y reformulo Lacan, pero no nos detendremos mucho en sus análisis. Solamente usaremos estos conceptos para sumarle el aporte a la segunda etapa.

Llamaremos *Ideal del Yo* al mandato interno que asumimos que declara *lo que debemos llegar a ser* según el deseo de los demás. Todos en algún momento internalizamos reglas, normas y mandatos acerca de lo que debemos llegar a ser... de ahí que de padres abogados, tíos abogados, y hermanos abogados, no nos quede otra opción más que ser abogados. Aunque nadie lo haya explicitado, se sobreentiende que ese proyecto de vida debe ser de esa manera según el mandato familiar.

Como ves, no es casual que se llame *Ideal del Yo*, ya que justamente actúa como un ideal, como «lo mejor que nos pudiera pasar».

Ideal del yo ⟶ Lo que debo ser para los demás

Cuando, al naturalizarse, el *Ideal del Yo* es parte también del deseo del adolescente, no hay conflicto. El problema aparece cuando sucede lo contrario: que el adolescente siente que no desea ser lo que los demás esperan de él. Es decir, cuando su *Yo Ideal* es contrario o distinto del *Ideal del Yo*. Y es que el Yo Ideal es aquello que el adolescente desea más allá del *Ideal del Yo*.

Yo Ideal ⟶ Lo que deseo ser mas allá de los demás

El lugar de conflicto donde se resumen las acciones entre el *Ideal del Yo* y el *Yo Ideal* es lo que llamaremos *Yo Real*.

Yo Real ⟶ Lo que el adolescente es

En resumen, cuanto más lejano y autoritario sea el *Ideal del Yo* frente al *Yo Ideal*, tanto más el *Yo Real* presentará conflicto y hasta retirada, no pudiendo avanzar en la construcción del proyecto de vida.

La etapa de formación del proyecto de vida

↓

Interacción de los ideales del yo

↓

Ideal del Yo – Yo Ideal – Yo Real

Tercera etapa
La inclusión de las distintas esferas de la vida, o la formación de la identidad

La etapa de la inclusión de las distintas esferas de la vida es la tercera etapa, y la más compleja. El objetivo de esta etapa es ligar los hitos y darles sentido de continuidad para integrar los aspectos que anteriormente estaban desligados y sin posibilidad de ser pensados en conjunto.

Es en este momento que los hitos se unen dándole sentido a la identidad. Es el momento en que se aprende sobre sí mismo y se hace algo al respecto. En que se conocen las cosas que se desconocían y se busca la trascendencia.

Es en este momento que el adolescente tiene los recursos para autoconocerse e incluso, con su capacidad reflexiva, *modificarse* a sí mismo. Esta posibilidad se debe a que ha podido dar sentido de continuidad a los hitos, construyendo su historicidad. Recordemos que no podemos modificar algo si no nos damos cuenta de su existencia. Solo podemos cambiar aquellas cosas que conocemos.

Situaciones que atentan contra la constitución de la tercera etapa

Existen determinadas situaciones que no favorecen la tarea que deberá desempeñarse en la tercera etapa, siendo algunas de las más frecuentes:

- una postura autoritaria de los padres
- una postura incomprensiva de los formadores frente a los cambios del adolescente
- las necesidades primordiales no satisfechas

Una postura autoritaria de los padres

Tengamos en cuenta que, cuanto más estrictas sean las variables a romper a las que se enfrente el adolescente, más trabajosa será su tarea, y más críticas serán sus acciones.

Frente a padres autoritarios, las acciones del adolescente para lograr la construcción de un pensamiento propio deberán ser más fuertes. Por el contrario, recordemos que cuanto más flexibles son las cosas, tanto más difíciles de quebrar son...

Una postura incomprensiva de los formadores frente a los cambios del adolescente

El adolescente, como ya hemos visto, se enfrenta a la tremenda tarea de pensarse y comprenderse, y su dolor es vivido como un malestar interno, un desequilibrio, y un desconcierto ante sí mismo y el entorno. Esta situación muchas veces lleva los adolescentes a comportarse de maneras extremas y desconsideradas. Es parte de la tarea de los adultos poder sostenerlos y comprenderlos, movilizándolos a crecer. La falta de compresión imposibilita el avance en el crecimiento.

Las necesidades primordiales no satisfechas

Si el adolescente se sabe y siente amado, reconocido, aceptado, comprendido, sostenido, si puede sentir que tiene los medios para crecer y para progresar, si cuenta con modelos que le sirvan de referentes, entonces podrá construir su propia vida, porque contará con las herramientas necesarias para hacerlo.

¿Se termina de construir la identidad en esta etapa?

Hay una frase popular que dice que en la adolescencia se termina de construir la identidad, pero esto no es totalmente cierto.

En la adolescencia se presentan los fundamentos que han comenzado a ser construidos durante la infancia, pero no se termina su construcción, ya que la identidad nunca deja de ser construida. Nos pasamos toda la vida trabajando en su construcción, en la búsqueda constante de saber quiénes somos... Pero sí es cierto que esta etapa es definitoria en muchos sentidos, y ahí radica la importancia de comprender estos procesos para acompañar a nuestros adolescentes de la manera adecuada.

capítulo 3

El rol del líder de adolescentes en la consejería

Por Karen Lacota

Con las nuevas tecnologías y la interconectividad actual, nuestros jóvenes tienen al alcance de su mano incontables recursos que les ofrecen la posibilidad de interrelacionarse. Aparentemente, nos encontramos ante una generación que podría disfrutar de gran cantidad de relaciones sanas, de tener muchos amigos y de no sentir nunca jamás soledad. Sin embargo, muchos adolescentes y jóvenes sufren una gran angustia asociada a las relaciones, y un aislamiento social como no se vio nunca antes en la historia. Del mismo modo, tienen muchas relaciones pero superficiales, y esto es acentuado por el abandono sistémico, principalmente por parte de los padres.

He oído a muchos jóvenes relatar sus experiencias en cuanto al modo de relacionarse con sus padres. Todos creen que sus padres podrían invertir mejor el tiempo en compartir con ellos, pero aseguran que existen factores que impiden que disfruten de su compañía y que se profundicen sus lazos afectivos.

Como es de esperar, este tipo de abandono parental provoca en los adolescentes soledad, desorientación en cuestiones fundamentales que forman su carácter, e ignorancia sobre los principios eternos y absolutos, indispensables para establecer fundamentos sólidos sobre los cuales construir sus vidas. ¡Por esto es que necesitan entablar relaciones significativas con adultos sabios y responsables que los validen, acompañen y guíen!

Ahora bien, como líder, tú necesariamente asumes la tarea de aconsejar (y, por ende, de pastorear) a tus jóvenes. Jesús dijo: *«Yo soy el buen pastor. El buen pastor da su vida por las ovejas»* (Juan 10.11). Esta frase representa en el sentido más profundo el compromiso de aquellas personas que están dispuestas a dar sus vidas, sus talentos, su tiempo, sus fuerzas, por ayudar a sus adolescentes a desarrollar sus potencialidades y a construir su identidad en Cristo como hijos de Dios.

De seguro en este libro encontrarás diversos aspectos que debes atender al aconsejar a tus jóvenes. Este capítulo en particular tiene la intención de darte una perspectiva general sobre el rol que debes desempeñar como consejero, para que seas efectivo en lo que haces y puedas ayudar mejor a tus adolescentes a conocer a Dios de forma personal.

Para esto debes enfocarte en establecer conexiones, escucharlos profundamente, y enseñarles a pensar.

Establecer conexiones

Conectarte con tus adolescentes es fundamental para que puedas guiarlos, acompañarlos e influir en ellos. Ten en cuenta que tu capacidad de relacionamiento es fundamental para dar apertura a un diálogo sincero y de confianza. Un adolescente evitará acercarse a alguien en quien no confía. Por eso es importante lograr construir una relación significativa entre ambos.

Dios así lo hizo. Envió a su Hijo para darnos la posibilidad de ser salvos por medio de Él. Jesús se dio a conocer, y su acercamiento fue intencional: vino a buscar y a rescatar lo que se había perdido. Además, Él nos enseñó cómo debemos hacer nosotros para buscar lo que está perdido. Lo hizo con su ejemplo y sus palabras: *«Supongamos que uno de ustedes tiene cien ovejas y pierde una de ellas. ¿No deja las noventa y nueve en el campo, y va en busca de la oveja perdida hasta encontrarla?»* (Lucas 15.4).

A partir de las palabras y el ejemplo de Jesús, podemos aprender que resulta fundamental para conectarnos con otros el demostrar interés genuino, y el establecer relaciones profundas y auténticas. Para ello necesitamos desarrollar habilidades sociales. Debemos prestar atención al modo en que expresamos nuestros sentimientos, ideas, deseos, actitudes y opiniones cuando nos relacionamos con los demás en cada situación, y debemos respetar también a los demás cuando manifiestan lo que sienten, creen y reclaman.

Nuestras conductas determinarán el éxito (o el fracaso) de nuestras relaciones, y de la resolución de problemas de toda índole a nivel interpersonal. Aprendamos, entonces, de Jesús, quien manifestó conductas apropiadas para cada situación. Él lidió con todo tipo de personas; tuvo la sabiduría y la habilidad para responder y actuar siempre con sensatez y dominio propio; tuvo un absoluto manejo de sus emociones y de sus reacciones; amó incondicionalmente y perdonó aun a quienes no merecían su perdón. Él se posicionó por encima de las reacciones de las personas, porque comprendía su realidad. Como ya leímos hace unas páginas, Mateo lo expresó de la siguiente manera: *«Al ver a las multitudes, tuvo compasión de ellas, porque estaban agobiadas y desamparadas, como ovejas sin pastor»* (Mateo 9.36).

De aquí podemos deducir que el procurar comprender a los demás es la base para las relaciones interpersonales. ¡Cuánto más para el caso de los adolescentes, quienes suelen ser desconfiados al relacionarse con los adultos!

¿Te cuesta generar relaciones significativas con tus adolescentes? ¿Te resulta difícil saber qué decir o cómo actuar? ¡No te desanimes! Como toda habilidad, es posible desarrollarla y potenciarla. Esto significa que podemos ser mejores de lo que ya somos. Y aquí te brindamos la primera pista para que tengas éxito...

¡Trata a los adolescentes como desearían ser tratados! Para lograr conexión con tu adolescente es fundamental que registres e interpretes sus sentimientos y demuestres interés en él. Habrás oído decir que la *empatía* es «meterse en los zapatos del otro». De hecho, es la habilidad de saber y entender lo que siente el otro. O, dicho por D. Goleman, *«es comprender los sentimientos del otro y su perspectiva, y respetar las diferencias entre lo que cada uno siente respecto a las mismas cosas».*

La empatía es la base de las relaciones interpersonales. Sin ella no podríamos interpretar a los demás, ni sentir compasión por ellos. Por lo tanto, cuando aconsejas sobre una situación conflictiva en la vida del joven, todo dependerá de la perspectiva en la que te posiciones delante del conflicto. La posición que asumas determinará las estrategias que seguirás para el acompañamiento, las cuales podrían ser acertadas o inapropiadas para el caso. De ahí la importancia de cuidar que no tengas prejuicios hacia la persona o personas involucradas, y que no asumas una postura sin haber analizado la versión de cada parte.

De hecho, tener una actitud objetiva frente a cada situación es una decisión que debe ser ejercitada, revisada y ajustada constantemente, a fin de evitar obnubilarse al momento de asesorar. De más está decir que, en un momento de crisis o de incertidumbre, lo que una persona necesita es precisamente una visión objetiva y un análisis con un mínimo sesgo de subjetividades por parte de su consejero.

Además, cuando tu adolescente note que lo estás escuchando profundamente, comprendiendo sus sentimientos y su estado de ánimo, y dándole la importancia que él le da a la situación, esto fortalecerá el vínculo entre ustedes. Recuerda que la clave de la empatía es que los trates como ellos necesitan que lo hagas, y como ellos esperan: con respeto, consideración y amor.

Por eso los consejeros debemos transmitir a nuestros adolescentes la seguridad de que los entendemos. A medida que vayamos desarrollando esta habilidad social, a través de la práctica, el aprendizaje y el mejoramiento, iremos construyendo y reforzando los puentes entre ellos y nosotros.

Hay pequeños gestos, actitudes, y palabras que nos pueden ayudar a mejorar nuestra empatía, tales como:

- Prestar atención a la comunicación no verbal (tono de voz, postura, expresión, gestos, mirada) y no solo a la verbal. Con las palabras, alguien podría expresarte sentimientos o ideas que en realidad no tiene. Quizás, por ejemplo, esté enamorado de una persona y no lo exprese verbalmente, pero tú puedes leerlo entre líneas.

- Intentar interpretar sus motivaciones y su realidad. Tu adolescente pudo haber tenido una pelea con su mejor amiga, y esa situación determinará también su perspectiva respecto de otras situaciones.

- Ayudar a que sea sincero. Tú puedes lograr que un adolescente abra su corazón si formulas preguntas sencillas tales como «¿cómo te sientes?», esperas que te responda, y fijas tu mirada sobre él o ella ofreciéndole toda tu atención. Si es un tema difícil, puedes poner una mano sobre su hombro para transmitirle que todo estará bien y que estás ahí para ayudarlo.

- Abstenerte de dar sermones e instrucciones apenas inicie la conversación. Primero debes centrarte en comprender el problema y lo que siente tu adolescente, antes de dar consejos.

- Repetir lo que te ha dicho, con un tono de voz adecuado, para asegurarte de haber comprendido bien. Por ejemplo, puedes decirle: «Intentaste hablar con tus padres en tres ocasiones el día de hoy y no lo has conseguido, entonces te sientes desanimado y triste... Creo que por esta razón te sientes solo. ¿Crees que es así?». Al hacer esto, utilizas las mismas palabras o expresas las mismas ideas que él te compartió, y luego le trasmites tu interpretación esperando que corrobore si estás en lo correcto o no. Cuando logras esto, entonces pasará de narrarte lo sucedido a abrirte su corazón, porque se siente comprendido. ¡Lo conseguiste! Así que recuerda: todo comienza por la empatía.

Escucharlos profundamente

Es sabido que a los líderes en general les resulta fácil escuchar a los demás. Sin embargo, a aquellos con una personalidad más fuerte, con deseos de imponerse o de ser oídos, o que disfrutan de escuchar para luego poder contestar, les resulta más complicado lograrlo. Es por esto que resulta necesario ejercitarse para desarrollar al máximo la habilidad de escucha.

De hecho, los consejeros deben aprender a interpretar los sentimientos y las ideas que aparecen entre líneas al escuchar, no solo las palabras, sino el corazón. Más allá de lo que adolescente esté expresando verbalmente, el consejero debe ser capaz de leer las intenciones y los sentimientos que están detrás de sus palabras.

Para convertirte en un escucha activo puedes considerar estas sencillas recomendaciones:

a. **Presta atención**, predisponiéndote a escuchar de manera efectiva. Para ello es necesario que elimines todo aquello que pudiera distraerte durante el tiempo que compartes con el adolescente. Aparta en tu apretada agenda un tiempo para dedicarte solamente a escucharlo. Elimina todo posible elemento distractor, como dispositivos electrónicos o teléfonos, y escoge un buen lugar donde puedan dialogar cómodamente sin ruidos y sin interferencias.

b. **Enfócate en el adolescente**. Muchos se enfocan más en las acciones equivocadas que el adolescente cometió que en su persona, y por lo tanto corren el riesgo de definirlo a partir de sus errores e ideas, levantando así prejuicios hacia él. Enfocarte en sus puntos fuertes, en sus aciertos y en sus habilidades será fundamental para mirar por encima de cada situación y proporcionarle la seguridad y aceptación que tanto necesita.

c. **Demuestra interés** por lo que el adolescente está atravesando y por lo que te comparte. Minimizar sus problemas o conflictos personales solo levantará una barrera entre ambos. Aunque pienses que la situación por la que atraviesa no es tan grave, es propia de la edad, o es poca cosa, ten en cuenta que para él representa su mundo y su realidad. Así que sé lo más considerado posible, y demuéstraselo.

Ten siempre presente que los adolescentes valoran mucho el sentirse escuchados, respetados y comprendidos. Cuando los escuchas detenidamente y logras que sientan que los entiendes y que interpretas sus sentimientos e ideas, comienza a construirse una relación más fuerte y profunda.

Enseñarles a pensar

La realidad es que las problemáticas de los adolescentes y jóvenes son muy diversas, y requieren de capacidad para orientar, mediar, y guiar hacia un pensamiento crítico y reflexivo, de tal manera que ellos mismos aprendan a tomar decisiones más inteligentes que emocionales. Los expertos aseguran que el 80% de las decisiones que tomamos diariamente están basadas en nuestras emociones y sentimientos del momento, lo que significa que decidimos irracionalmente, aunque luego lo justifiquemos racionalmente (Martín, E.). ¡Imagínate lo que esto produce en nuestras vidas!

De ahí la importancia de enseñar a los jóvenes a pensar. Muchos líderes caen en el error de pretender dar respuesta a todas las situaciones, preguntas y dudas, pero lo cierto es que no conocemos todas las respuestas, y además no deberíamos ofrecer soluciones para todo. Si así lo hiciéramos, les estaríamos restringiendo a los chicos y chicas la posibilidad de generar sus propias ideas, de analizarlas y evaluarlas con atención, de tal manera a que puedan tomar decisiones por sí mismos con sabiduría, aunque exista el riesgo de que se equivoquen.

Por lo general las personas se acercan para que alguien, a quien consideran más maduro y sabio, los ayude a salir de situaciones complicadas o confusas. Es importante, entonces, que como consejero comprendas que tu rol es fundamentalmente guiar a los demás hacia la toma de decisiones sabias. No tomar las decisiones tú por ellos.

Es necesario enseñarles a los adolescentes y jóvenes a pensar por ellos mismos, para que desarrollen su capacidad reflexiva y crítica, y puedan identificar la forma en que piensan y, consecuentemente, en que actúan, de tal manera que comprendan concienzudamente cómo sus pensamientos dirigen su comportamiento. ¡Es fundamental que les ayudemos a comprender cómo piensan, además de en qué piensan!

Nuestros chicos tienen una capacidad cerebral de proporciones que no podemos siquiera dimensionar. Un potencial que difícilmente se explotará a menos que todos los involucrados en su formación (estos son, sus padres, sus maestros, sus líderes, y otros adultos) contribuyamos para lograrlo.

A continuación veremos algunas técnicas de pensamiento propuestas por Edward de Bono para alcanzar el desarrollo del pensamiento creativo. Estas técnicas se basan en el comportamiento del cerebro humano, y te ayudarán a enseñar a los adolescentes que buscan consejo en ti a aprender a pensar. Puedes utilizarlas de manera intencional y concienzuda a fin guiarlos a generar nuevas ideas y encontrar soluciones creativas a sus problemas.

#1: Utilizar el enfoque de las ideas

Esta técnica consiste en analizar una idea desde varias perspectivas, considerando los aspectos positivos, los negativos, y los interesantes.

El analizar los aspectos positivos, negativos e interesantes resulta muy útil cuando no tenemos claridad sobre todos los aspectos de una idea. De esta manera, se evita el analizar únicamente los puntos positivos (sobre los cuales generalmente se basan las decisiones), y se está atento a considerar los negativos, para evitar inconvenientes que podrían surgir con el tiempo, tomando también en consideración aquellos aspectos «interesantes» que no entran dentro de ninguna de las dos categorías anteriores.

#2 Considerar otros puntos de vista

Definitivamente, cada persona tiene percepciones diferentes. Esto depende de su contexto, cultura, y crianza, entre otros factores. Cada uno mira con diferentes «lentes» una misma situación.

Si una madre debe decidir si le otorga permiso a su hija adolescente para quedarse a dormir en la casa de una amiga, ¿cuántos puntos de vista podría haber ante esta situación? Sin duda, ¡por lo menos dos!

Escuchar otros puntos de vista diferentes al nuestro puede enriquecernos y ayudarnos a no cometer errores. Existen algunas ocasiones en las que necesitamos que otros más expertos y sabios nos den sus puntos de vista. Otras veces, basta con escuchar a nuestros padres, o a un amigo, para poder ver la situación desde otra perspectiva.

Por supuesto, es importante que tengamos presente que los principios bíblicos son inmutables, y que no debemos tratar a adaptarlos a nuestra conveniencia. El «punto de vista» de Dios siempre es el acertado, y si sabemos que hay en su Palabra algún consejo con respecto a nuestra situación, ¡ese será el mejor consejo que podemos recibir!

#3 Considerar todos los factores intervinientes

En muchas ocasiones realizamos el análisis de una situación problemática sin haber considerado algunos factores importantes que, a la larga, podrían causar serios inconvenientes. Es por eso que debemos tener cuidado y evitar que en el momento de la toma de decisiones los pasemos por alto.

Por ejemplo: Un estudiante del último año de secundaria quiere escoger una carrera universitaria... ¿Qué factores debería considerar? Como mínimo, debe atender a los siguientes factores: sus gustos, intereses y talentos, su proyección laboral, su futura familia, el dinero que desea ganar, etc. (La diferencia entre la técnica número 1 y esta, es que la primera se centra en los aspectos positivos, negativos e interesantes sin atender los *factores* que intervienen en una situación o idea, mientras que la técnica 3 sí lo hace.)

#4 Analizar las consecuencias

Atender a las consecuencias que a la larga podría traer a nuestras vidas una decisión que tomemos es muy importante para no enfrentar situaciones no deseadas en el futuro.

Por ejemplo: Una adolescente se enamora de un chico que en ocasiones consume drogas... ¿Cuáles serían las posibles consecuencias y amenazas a las se podría enfrentar si inicia un noviazgo con él?

Es fundamental hacer este análisis junto con la persona a quien se aconseja o acompaña, ya que en ocasiones puede ser muy difícil anticipar las consecuencias de una decisión o, lo que es peor, ni siquiera considerarlas o pensar en ellas.

#5 Considerar los propósitos, las metas y los objetivos

Acompañar a nuestros adolescentes hasta que encuentren su propósito en la vida será determinante para que puedan establecer metas y objetivos a corto, mediano y largo plazo. Esto, a su vez, les permitirá tomar otras decisiones basándose en dichas metas y objetivos, es decir, decisiones sujetas a lo que ya se han propuesto alcanzar.

Además, debemos analizar con ellos cada situación o idea que se les presenta, atendiendo a si se ajusta o responde a su propósito. Esto les permitirá tener certeza sobre el camino a seguir para alcanzar lo que esperan.

Por ejemplo: Un adolescente planea postularse para una universidad en el exterior... ¿Qué decisiones deberá tomar durante la escuela secundaria para lograr un buen promedio académico que le permita acceder a una beca?

#6 Buscar alternativas, posibilidades y opciones

El buscar diversas alternativas (analizando las posibles consecuencias de cada una), permitirá encontrar la solución que mejor se ajuste a lo que se espera conseguir.

Por ejemplo: En tu comunidad se ha instalado un grupo de muchachos que ofrecen drogas en el colegio al que asisten la mayoría de los adolescentes de tu grupo. ¿Qué alternativas pueden pensarse para evitar que uno de ellos caiga preso de este flagelo?

#7 Definir prioridades básicas

Cuando se han establecido las metas y los objetivos personales, resulta mucho más fácil identificar las prioridades, ya que deberán ser aquellas cosas que nos permitan avanzar hacia esas metas y objetivos. Que guíes a tus adolescentes, ayudándoles a considerar cuáles son los aspectos más importantes que deben tener en cuenta para enfrentar una situación o para solucionarla, es fundamental para que consigan mantenerse enfocados en sus objetivos.

Por ejemplo: Si un estudiante se postula para una beca en una universidad del exterior, deberá priorizar el tiempo que dedica a sus estudios a fin de lograr altas calificaciones, y recién luego podrá establecer el tiempo que destinará para realizar alguna actividad física.

#8 Establecer reglas

Ayuda a tus adolescentes a establecer reglas en todas las áreas de sus vidas. Estas reglas les servirán de autorregulación, y además les permitirán ser íntegros, fieles consigo mismos y con los demás. También contribuirán a desarrollar una disciplina personal que los beneficiará en todas las áreas de sus vidas y los mantendrá enfocados en sus propósitos.

Por ejemplo: Si un adolescente tiene problemas con la pornografía, puedes pedirle que piense y escriba una lista de normas a seguir a fin de evitar seguir viendo imágenes pornográficas.

#9 Planificar previamente

La mayoría de las veces los jóvenes llevan adelante acciones impulsivas, sin pensarlas concienzudamente. Aprender a planificar es parte del proceso de crecer. Enséñales a tus adolescentes cómo establecer un plan de acción, es decir, una estructura organizada de acciones, en la que cada parte debe ser pensada, diseñada y concatenada con las demás.

Por ejemplo: ¿Cómo ayudarías a un joven de tu grupo que ha tenido serios altercados con otro a raíz de malentendidos entre ambos? ¿Cómo le ayudarías a establecer un plan de acción para solucionar el conflicto?

#10 Tomar decisiones empleando una combinación de estas técnicas

Enséñales a tus adolescentes a utilizar las distintas técnicas dependiendo de la situación. Guíalos con el fin de que aprendan a considerar los aspectos positivos, negativos e interesantes de una idea o problema, y a tener en cuenta otros puntos de vista, para que luego consideren los diversos factores que intervienen en la situación y las posibles consecuencias a las que se enfrentarán. Del mismo modo, contribuye en sus vidas guiándolos a descubrir su propósito divino, para que puedan fijarse metas y objetivos que los ayuden a cumplir ese propósito, optando por aquellas alternativas que se adecuen a lo que esperan conseguir, y teniendo en cuenta las prioridades básicas y las reglas que se establecieron. Ayúdalos, finalmente, a diseñar un plan de acción y a actuar en base al mismo.

El construir esta estructura de pensamiento en los adolescentes les permitirá tomar decisiones bien pensadas e inteligentes, disminuyendo sus probabilidades de actuar por impulso y, por ende, su riesgo de fracasar.

Recordemos que nuestra tarea principal como consejeros es la de contribuir en la formación integral de nuestros adolescentes. Lucas 2.52 relata que *«Jesús siguió creciendo en sabiduría y estatura, y cada vez más gozaba del favor de Dios y de toda la gente»*. Así, el compromiso de acompañarlos durante esta etapa de sus vidas debe propiciar experiencias significativas orientadas a su crecimiento en todas las áreas. Ello definitivamente forma parte de la responsabilidad que hemos tomado al haber respondido al Señor con un: «¡Aquí estoy, cuenta conmigo!».

capítulo 4

El perfil de todo buen consejero

Por Esteban Obando

Cuando hablamos de consejería cristiana, el consejero no solo debe conocer cosas de orden técnico, sino que además tiene una carga extra que va de la mano con la espiritualidad. Recordemos que el objeto de nuestro trabajo son las *personas*. ¡No hay, ni habrá, algo más importante dentro de nuestros ministerios! Es por eso que se hace indispensable asegurarnos de ser la clase de persona correcta para atender las necesidades de cada adolescente al que nos toque servir.

He aquí una lista (no exhaustiva) de características que los consejeros cristianos deberíamos cumplir. Cada una de ellas debe de ser estudiada, interiorizada y después trabajada. Y la mejor forma en que uno puede hacer esto es al lado de otras personas. ¡No dejes nunca de estar cerca de personas que sepan más que tú!

La Biblia misma nos recuerda que: *«El hierro se afila con el hierro, y el hombre en el trato con el hombre»* (Proverbios 27.17). Así que el consejo es simple: ¡no trabajes solo! Entrénate y ten los ojos abiertos para aprender de aquellos que han caminado un poco más que tú. ¡Siempre hay espacio para seguir creciendo y ser cada vez más efectivos con aquellos a los que ayudamos!

1. El buen consejero CONOCE SU AUDIENCIA

Este principio surge del ambiente de pedagogía, donde, si el maestro conoce a sus alumnos, entonces puede ayudarlos de la mejor manera. Cada estudiante aprende diferente de acuerdo a su edad, genero, trasfondo cultural y social, y aun dependiendo de la forma de enseñanza. Y el caso no es distinto en nuestro trabajo. Es necesario conocer las generalidades de los adolescentes, así como también los detalles propios del chico que nos escucha. Y aunque los detalles particulares de cada chico o chica tendremos que descubrirlos en cada caso, hay ciertos factores generales acerca de la etapa de la adolescencia que no podemos dejar de conocer si queremos ayudarlos...

El cambio físico es uno de ellos. Es el cambio más evidente en esta etapa. La adolescencia viene después de la pubertad, que es el punto en el que los cambios físicos llegan a un máximo, marcado por señales de madurez sexual. En las chicas, por la menarca (primera menstruación), y en los varones, por la presencia de espermatozoides vivos. La adolescencia, entonces, es la etapa del desarrollo que sigue a la pubertad y en la que se producen una serie de cambios físicos y psicológicos. Saber esto es muy importante, ya que muchos de los problemas de los chicos y chicas vienen en realidad a causa de estos cambios físicos. La misma palabra «adolescencia» viene del latín *adolechere*, que literalmente significa «experimentar el dolor de crecer». Al ser este un proceso doloroso, el adolescente necesita ser acompañado por personas más maduras que él o ella.

Los jóvenes y adultos tienden a ver esta etapa como un tiempo de inmadurez y baja autoestima. Pero recordemos que los consejeros efectivos se ponen en los zapatos de los aconsejados, sin perder la perspectiva objetiva. Si estas situaciones y cambios físicos afectan tanto a los adolescentes, debemos tomarlo con la seriedad que tiene. Debemos entender que el adolescente no está viendo la situación (ni tiene porque hacerlo) desde nuestro punto de vista, sino desde el suyo propio.

Al aconsejar, asegúrate de considerar la posibilidad de que las preguntas o situaciones que traigan tus adolescentes tengan que ver con los cambios físicos que están experimentando. Después de todo, mientras que la baja autoestima requiere palabras de ánimo, y los pensamientos superficiales requieren una perspectiva madura y enfocada, en el caso de los cambios físicos no hay mucho que hacer. En ocasiones no hay consejo para dar, solo una realidad que aceptar... pero puede que resulte más fácil aceptarla cuando uno no se siente solo.

Otro factor importante es el cambio en el pensamiento abstracto. Durante el tiempo de la adolescencia, el ser humano experimenta un cambio drástico en la forma en que piensa. Esta «nueva forma de pensar» aumenta su capacidad para emitir juicios basados en una imaginación e intuición más amplia. Esta diferencia es muy evidente cuando los comparamos con los niños, que tienen un pensamiento muy concreto. Un niño promedio fundamenta lo que está bien y lo que está mal basándose el criterio de sus padres, y aun no puede tener una opinión crítica acerca de si las decisiones de sus padres son las más adecuadas o no.

El adolescente ahora puede considerar las posibilidades y comparar la realidad con cosas que pudieran ser o no, a diferencia de los niños pequeños que se contentan con hechos concretos y observables. Los niños se caracterizan por preguntar frecuentemente «¿Por qué?». Pero no es hasta la adolescencia que esa pregunta tiende a cambiar de la forma y convertirse en «¿Y por qué no...?».

El marco se amplía, y con él las posibilidades. Estas ahora son más cercanas y realizables. El adolescente puede jugar ahora con variables y conjeturas, combinándolas, y sabiendo que producirán diferentes resultados. Por eso, en esta edad, los padres muchas veces se equivocan al responder: «¡Porque en esta casa mando yo!». Esta no suele ser suficiente razón para un adolescente, y esto produce un distanciamiento entre los dos.

Sin irnos muy lejos, y haciendo un poco de autocrítica, la iglesia muchas veces a caído en este esquema también. No se nos permite cuestionar lo que alguien más ha dicho, y usamos la misma religión o la espiritualidad para obligar a las personas a aceptar lo que sea sin pedir explicaciones. Sobra decir que esto es totalmente contraproducente con los adolescentes, y con la gente en general también.

Otro aspecto dentro del desarrollo adolescente que todo consejero debe entender, es el tema del contexto socioeconómico, cultural o académico. Todo esto influye grandemente en la cosmovisión que tienen nuestros chicos, y evidentemente moldea o condiciona su manera de pensar. La consejería debe ponerse en los zapatos del otro, pero desde la forma de pensar del consejero. Es decir, tenemos que lograr una empatía con el aconsejado, pero con la objetividad, la experiencia y la sobriedad del consejero.

El desarrollo cognoscitivo e intelectual es un proceso que a los adolescentes les lleva tiempo. Ellos aún están desarrollando la habilidad de expresar lo que piensan, y algunos probablemente no van a saber cómo explicar muy bien el problema que tienen. No es una cuestión de no conocer el problema. Es de no saber cómo expresarlo. Por eso necesitamos tener paciencia y saber abordar la situación desde muchos ángulos hasta encontrar uno con el que ellos puedan identificarse y que ilustre bien su situación.

Otro factor es el de los sentimientos y las relaciones. Son cosas diferentes, pero fuertemente conectadas entre sí. Los adolescentes están pasando por un tiempo difícil, en el que sus emociones varían muchísimo día a día. Es muy común ver un día a un chico emocionado hasta casi explotar por algo que en realidad es intrascendente, y una semana más tarde verlo sumirse en una depresión profunda por un grano que le apareció en la cara. Sumado a esto, los padres, líderes, y pastores de jóvenes por lo general queremos que ellos se adapten a nosotros y no al revés. ¡Los adolescentes son montañas rusas de emociones que necesitan ser encausadas adecuadamente! Y para eso, ellos buscan personas que los entiendan y que sepan en carne propia lo que ellos están viviendo. Lastimosamente, las únicas personas que pueden entenderlos 100% en carne propia son otros adolescentes... y así el círculo se cierra y no ganamos nada. Estas influencias son personas de igual necesidad y de igual inmadurez que ellos, las cuales, por tener al igual que ellos una carencia de relaciones significativas estrechas y profundas, suelen basar sus decisiones en lo que los medios les venden.

Sin embargo, ¡esa montaña rusa de emociones fue puesta ahí por Dios! ¡Que no se nos olvide eso nunca! Todo esto es parte del proceso de encontrarse e irse definiendo. Pero la responsabilidad tuya y mía es la de acompañarlos, amarlos, y modelarles ejemplos a seguir.

En esta etapa no pretendas ser racional con ellos, ni que entiendan por qué actúan mal. Y ni remotamente se te ocurra decirles que lo que les sucede no es para tanto. ¡Sé empático! Ponte en sus zapatos. El problema es real, y a eso debes sumarle todo lo que física, emocional, sentimental, social y espiritualmente están pasando, para poder comprenderlos.

Y recuerda que el tema de los modelos es muy importante, ya que la idea generalizada es que los jóvenes miran a sus mayores como «pasados de moda», pero la realidad es que están buscando desesperadamente modelos a seguir. Ellos tienen la capacidad de ver más allá de las modas y mirar en lo profundo del corazón de un líder que esté dispuesto a amarlos. Puede que te vistas muy «anticuado» para sus gustos, que no entiendas sus bromas, que no oigas su música o que no conozcas su cultura, pero que aun así seas un modelo para sus vidas, solo por estar dispuesto a entenderlos, a prestar atención a cómo se sienten y porqué, y a relacionarte con ellos a un nivel de amor incondicional. ¡Todo esto sin dudas prepara un terreno fértil para la consejería! Y también te dará una base para después hablarles con autoridad sin temor a que no vuelvan. ¡No hay forma en que nadie compita contigo cuando te has acercado de este modo! Tú tienes el potencial de convertirte en una voz mansa, propicia y con autoridad en medio de sus conflictos. ¡Tú tienes el potencial de ser el mejor consejero para sus vidas!

2. El buen consejero CONOCE LA FUENTE DE LA CONSEJERIA

Podemos pensar en muchos elementos que nos ayudarán a la hora de aconsejar. Estrategias, psicología, neurociencia, o simplemente técnicas bien implementadas. Pero nada se compara con conocer la fuente misma de la consejería: Jesucristo. El famoso profeta Isaías nos recuerda uno de los nombres no tan conocidos de Jesús, cuando dice:

«Porque nos ha nacido un niño, se nos ha concedido un hijo; la soberanía reposará sobre sus hombros, y se le darán estos nombres: Consejero admirable...» (Isaías 9.6-7)

La idea aquí es que una persona, después de ir a la «clínica de consejería de Jesús», saldría diciendo: «¡WOW, qué consejero!». Es justamente por eso que conviene tanto conocerlo a Él, estudiarlo, analizarlo... ¡y copiar cuantas más cosas puedas de Jesús!

No vamos a ahondar demasiado en este tema porque ya hay muchos buenos libros escritos acerca de la espiritualidad creciente y fervorosa. Sin embargo, permíteme darte una tarea que potenciará mucho la forma en la que miras la consejería de Jesús:

En primer lugar, toma en cuenta que cualquier intervención de Jesús con alguien más es un tiempo de consejería. Y no digo esto a la ligera. La consejería tiene que ver con el intercambio de ideas y perspectivas entre una persona y la otra. Observa a Jesús, el Hijo de Dios y Consejero Admirable. En la vida de Jesús no encontramos ni un solo caso en que Él buscara ayuda de nadie. Por otra parte, sí vemos muchísimos casos de cómo la gente lo buscó y como Él interactuó con los demás. Toma un cuaderno y un lápiz, y ve estudiando caso a caso la forma en la que Jesús abordaba a los demás *como consejero*. ¿Qué tipo de preguntas hacía? ¿Qué tan profundo iba con uno o el otro? ¿Qué respuestas o instrucciones les daba? Anota todo lo que vayas descubriendo, y luego reflexiona sobre tus notas. Jesús tiene mucho para enseñarnos... ¡Estudiémoslo!

3. El buen consejero CONOCE LAS TÉCNICAS BÁSICAS

Conocer a tu audiencia y conocer la fuente de la consejería es un avance gigantesco. Pero permíteme darte un consejo más: Es bueno que como consejero conozcas las herramientas básicas para la consejería. He aquí algunas de ellas...

Aprende a preguntar

Esta será una excelente forma de llegar a entender la situación. Imagínate que te piden que armes un rompecabezas de 2000 piezas, y solo te entregan 300 piezas... ¡Necesitarás conseguir las demás para poder cumplir el objetivo de armar el «todo»! En la consejería, la pregunta es la forma mediante la cual conseguimos «más piezas». Entre más información poseas, más fácil te será dar respuestas acertadas. He escuchado a demasiados consejeros dar malos consejos y luego decir: «Es que yo no sabía nada eso...». Mi respuesta a esto es: «¡Pues deberías haberlo sabido!». Y las preguntas son la forma de saber.

Además, las preguntas te ayudan a ordenar las cosas que el joven te dice. (Si eres nuevo en esto, permíteme anticiparte que las sesiones de consejería no siempre son ordenadas ni sencillas de entender.) El consejero es el responsable de aclarar las cosas. Y, de paso, esta claridad que traes al tema (con solo hacer las preguntas correctas) le ordenará en la cabeza al muchacho su propia situación, lo que mas adelante facilitará la búsqueda de las respuestas que él necesita.

Jesucristo utilizó constantemente esta técnica. Él hizo muchas preguntas. («¿Por qué dudaste?», «¿Tú qué opinas, Pedro?», «¿Dónde esta su fe?», «¿Qué está escrito en la ley, y cómo la interpretas tú?», «¿Quieres ser sano?», «Mujer, ¿por qué lloras?», «Pedro, ¿me amas más que a estos?», y muchas, muchas más...) Al preguntar, Jesús no solo buscaba adquirir información, sino que ponía a las personas a pensar sobre sus propias situaciones.

Aprende a escuchar

La Biblia nos recuerda un elemento central... ¡escucha! *«Mis queridos hermanos, tengan presente esto: Todos deben estar listos para escuchar, y ser lentos para hablar...»* (Santiago 1.19)

Si eres como yo, comprenderás perfectamente lo difícil que resulta esto. Cuando oigo acerca de un problema, mi cerebro automáticamente empieza a pensar opciones para resolverlo. ¡Eso es un error gigantesco en la consejería! ¿Por qué razón? Porque una vez que empiezas a resolver las cosas en tu cabeza, ¡dejas de escuchar! Y, si recuerdas el punto anterior, al hacer esto dejas también de acumular «piezas» para tu rompecabezas.

Si tienes problemas en ordenar lo que tu cerebro piensa, ten a mano un lápiz y un papel, y anota las generalidades para volver a ellas una vez que termines de escuchar. (Pero asegúrate de tener el permiso del aconsejado para todas estas cosas. ¡Me he metido en problemas y he ofendido a algunas personas por no haber pedido permiso para tomar notas!)

Identifica el verdadero problema

Esta técnica suena sencilla, ¿verdad? Pero piénsalo por un momento... ¿Es siempre el problema lo que el joven te dice que es el problema? La respuesta es que en más de una ocasión los jóvenes vienen a ti buscando resolver problemas que no son en realidad problemas, pero que sí reflejan situaciones problemáticas más profundas. Es entonces tu deber ir más profundo, y ayudar en aquellos temas donde se origina todo.

En este punto necesitamos ser muy perceptivos y distinguir las necesidades sentidas de las necesidades profundas. Por ejemplo, puede que una chica venga a ti muy dolida por el rompimiento con su novio, y que la solución para su problema (según ella) sea arreglar la relación y volver con él. Ella sinceramente cree que esto sería lo único que podría volver a hacerla sentir bien. Pero lo que podríamos descubrir por medio de algunas preguntas y de una buena observación, tal vez nos revele que hay situaciones de dependencia enfermiza de esta chica con su exnovio, y que por eso ella solo contempla una opción: regresar. Esa es su necesidad sentida: la falta de su novio. Pero a través de un análisis más hondo podrías descubrir que su necesidad profunda es su baja autoestima, la falta de figura paterna saludable, o una búsqueda de identidad distorsionada.

Hay muchos otros ejemplos que podría darte. Una chica con el deseo de tatuarse y la negativa de su mamá (donde el tema profundo puede ser la sujeción a los padres... cosa que no tiene nada que ver con el tatuaje). O un joven a quien no se le presta el automóvil (donde la verdadera causa son sus malas calificaciones y la preocupación de sus padres... y el auto es solo circunstancial). ¿Cómo se hace para descubrir estas cosas? ¡Haz muchas preguntas y sé empático!

¡Usa la Biblia! (Por favor, ¡úsala!)

De acuerdo, esto no debería estar en la sección de «técnicas básicas», porque realmente es algo medular. Incluso unos párrafos atrás te hablaba de mirar a Jesús y de estudiar cómo Él abordaba las diferentes situaciones. Sin embargo, esto solo abarcaría los evangelios y algunos pasajes neotestamentarios. Ahora te estoy hablando de TODO el consejo de Dios. De TODA la Biblia. ¡Ella esta repleta de cosas que ayudan a los demás!

A fin de cuentas, déjame decirte una verdad cruda y fuerte: Tu consejo no es relevante; lo que tú pienses no importa. El consejo que buscamos es el de Dios. Mira lo que Dios dice acerca de su Palabra:

> *«Toda la Escritura es inspirada por Dios y útil...»* (2 Timoteo 3.16)

> *«Recita siempre el libro de la ley y medita en él de día y de noche; cumple con cuidado todo lo que en él está escrito. Así prosperarás y tendrás éxito.»* (Josué 1.8)

> *«¿Cómo puede el joven llevar una vida íntegra? Viviendo conforme a tu palabra.»* (Salmo 119.9)

Por supuesto que Dios puede usar tu vida para llegar a través tuyo a los adolescentes y jóvenes que lideras. Pero las respuestas ya están. Solo debemos conocerlas y contextualizarlas de modo que los jóvenes entiendan lo que Dios quiere, y las ventajas de seguir su consejo.

Es más, el texto te da una instrucción importante si quieres ser un consejero que pase con una buena calificación:

> *«Esfuérzate por presentarte a Dios aprobado, como obrero que no tiene de qué avergonzarse y que interpreta rectamente la palabra de verdad.»* (2 Timoteo 2.15)

¿Eres un obrero aprobado? ¿Quieres serlo? Pablo nos recuerda que podemos levantar nuestra mirada al frente y sin vergüenza si tan solo podemos interpretar rectamente la palabra de verdad. Recuerda que los adolescentes no tienen 500 problemas distintos. Son un puñado de problemas nada más, que se repiten desde muchas aristas distintas. ¿Por qué no buscas lo que Dios aconseja en esas situaciones, y te lo aprendes? Tus consejería adquiere un peso importante cuando son las palabras de Dios las que abundan en ella, y no las tuyas propias. ¡Ánimo! ¡A leer, aprender, memorizar! ¡Es parte de tu responsabilidad!

4. El buen consejero CONOCE LA DINÁMICA DE LOS PADRES

La adolescencia es un período conflictivo. Esto afecta directamente al adolescente, pero también a toda su familia cercana. Durante este tiempo se atraviesan muchos cambios y transformaciones. Existía una relativa «estabilidad familiar» durante la niñez, la cual ahora se ve amenazada. Y esta «desestabilización», que sienten tanto el adolescente como su familia, genera conflictos y problemas que salen a la superficie de diversas formas.

La sociedad y la cultura también juegan un papel importante, ya que el adolescente está tratando de integrarse a ellas, adaptándose pero a la vez iniciando una búsqueda propia de interpretaciones del mundo que no siempre son las mismas que buscaron sus padres. Este es uno de los motivos más frecuentes de conflicto en la relación adolescentes/padres. Y es que en casi cualquier circunstancia se puede distinguir claramente la mentalidad «conservadora retrógrada» de los padres (según dicen los adolescentes) y la mentalidad «libertina moderna» de los hijos (según dicen los padres).

Es por eso que en este tiempo la *negociación* se vuelve una práctica usual. ¡Y esta es una experiencia nueva para todos! El hijo nunca antes tuvo esta oportunidad que ahora se le permite, y los padres jamás tuvieron que lidiar con situaciones de «igualdad» frente a sus hijos. Pero la realidad es que el adolescente necesita ser más independiente, y los padres deben aprender a darle un trato más igualitario, incluyendo el derecho a tener opiniones propias. Estas opiniones no siempre van a ser las mejores ni las más sabias, pero se les debe dar a los adolescentes espacio para externalizarlas y discutirlas, ya que han dejado de ser niños y tienen incluso la *necesidad* de pensar distinto que sus padres.

Ahora bien, cuando alguno de esos conflictos no es resuelto en casa, los adolescentes suelen acudir a alguna otra fuente. Una que sí los entienda y esté dispuesta a escucharlos. ¡Y ahí entras tú! Solo que no olvides un principio fundamental: Los padres son los líderes naturales que Dios puso en las vidas de los adolescentes. Por lo tanto, ¡nunca te pongas en contra de los padres! Trátalos con respeto y honra, porque tanto ellos como tú están buscando lo mejor para las vidas de los chicos.

capítulo 5

A tener en cuenta: Ideas a la hora de aconsejar

Por Adrián Intrieri

La presión de ser adolescente

No podemos ignorar, a la hora de aconsejar a un adolescente, aquellas cosas que juegan un papel importantísimo en la construcción de sus conflictos.

Hoy en día vivimos tiempos de mucha presión. Y cuando digo *presión* no me refiero al tipo de presión que vivimos nosotros cuando fuimos adolescentes. Hoy las cosas son más extremas. El cuerpo está mucho más «endiosado» que tiempo atrás, y en ocasiones el tema del cuerpo, tanto en el hombre como en la mujer, es vivenciado como algo de vida o muerte. Nosotros no podemos comprenderlo, ¡pero los adolescentes lo viven así! Y esto tiene un costo altísimo, porque produce una presión en sus emociones que afecta directamente su autoestima y sus relaciones.

Por otra parte, una de las crisis más fuertes en la vida del adolescente tiene que ver con una crisis de espacios. Hoy los adolescentes no saben quiénes son ni cuál es el lugar que deben ocupar. ¡Justamente porque los espacios están desbordados! Los adultos se comportan como adolescentes, y luego les exigen a los adolescentes que se comporten como adultos, sin decirles (ni mostrarles) qué significa realmente *ser adulto.* Por eso es que hoy vivimos una crisis de espacios y de roles.

Los movimientos de ruptura y mutación

Existen dos fuertes acciones que podemos observar en la vida de todo adolescente: a una la llamaremos *ruptura*, y a la otra *mutación*. Es fácil identificarlas pues están permanentemente en sus acciones.

Por un lado, ¡el adolescente rompe, rompe y rompe! ¡Se la pasa rompiendo! Rompe todo lo que hemos sembrado en su vida, y rompe aquellos principios que creíamos serían eternos... Antes, de niño, respetaba y seguía las formas de comprender las cosas de los adultos, ya que los veía como autoridad y deseaba profundamente ser como ellos en el futuro. Pero llegó un tiempo en el que algo sucedió y eso se rompió. A partir de ese momento, todo lo que se le enseñó, lo rompió. Ahora discute, se rebela, se enoja por los comentarios que los adultos hacen sobre su vida y sus decisiones, y no tiene ganas de hacer nada de lo que para los adultos es importante. No tiene la más mínima intención de darles la razón, y todo lo fundado durante años, ahora no solo es puesto en duda sino que hasta es destruido sin ninguna contemplación. La ruptura es una de las características principales de la adolescencia. ¡Es una fuerza ingobernable para el adolescente!

¿Por qué un niño entraría en semejante empresa, que no le es gratuita? ¿Por qué esa necesidad de ensañarse contra los padres, los educadores, contra la ley y la autoridad y, sobre todo, contra los valores que se sembraron en él con tanto amor y cuidado?

Si a los adultos les gusta el silencio, los adolescentes ponen la música a todo volumen. Si a los padres les gustas cenar en familia, los adolescentes tienen cosas más importantes que hacer con su celular en lugar de estar conversando con ellos. Si a los profesores les agrada algo, seguramente los adolescentes harán justamente lo contrario. Los adolescentes discutirán insolentemente, estarán de mal humor, se quejarán si tienen que ir a una reunión familiar porque les aburre, pasarán siglos en su computadora sin dar ninguna explicación de sus acciones...

Así, prolijamente, el adolescente comienza un plan para romper todo lo establecido. Y cuanto más rígidas sean las posturas, más enérgicas serán las rupturas.

¿Por qué todo esto? El adolescente rompe porque necesita ser adolescente. Rompe porque al romper está haciéndose dueño, por primera, vez de su propia existencia, tratando de construir algo por sus propios medios sin depender de que nadie le diga qué tiene que pensar y cómo.

Por eso rompe. Porque al *romper* a los adultos (y comprendamos por favor que esto no es nada personal contra la adultez) puede hacer algo nuevo que le pertenezca a él.

Por otra parte, sí es verdad, y debemos aclararlo, que justamente las características de estas nuevas generaciones es que sienten un impulso de romper aun aquellas cosas que no deberían romper, porque son las cosas necesarias para la subsistencia. Es decir, el problema es que al romper, no jerarquizan. No protegen aquellas cosas que necesitarán en algún momento para seguir creciendo, como por ejemplo las relaciones, los proyectos, o incluso su propio cuerpo. El romper de la actualidad ha invadido incluso lo que era intocable en otras generaciones. Estas generaciones no protegen lo que deberían proteger, y lamentablemente en algún momento sufrirán por haberlo destruido...

Y después de romper... ¿qué?

El adolescente no rompe solo por romper, sino que rompe para luego *mutar*. Es decir que, después de romper, podríamos decirlo así, transforma lo que rompió, lo sublima, lo reconstruye, y así, y solo así, se confirma, se entiende a sí mismo, lejos de los adultos.

La función de la mutación es importantísima, ya que luego de romper, el adolescente deberá hacer algo con lo que rompió. Esto significa que deberá, con mucho trabajo, juntar los pedazos de lo que ha desintegrado para llegar a construir algo que lo haga sentir que *puede*.

El adolescente desea salir de las enseñanzas de la familia, de depender de ciertas lógicas que se le han impuesto, para hacerse cargo de construir las propias. A esto llamaremos la salida de lo *endogámico* (familia) hacia lo *exogámico* (sociedad). Por eso se podrá observar que, en el tiempo de la mutación, los comentarios de los amigos serán más importantes que los de los propios padres.

Rompe con la manera de entender la vida que le inculcaron desde pequeño, para tener él mismo que hacerse cargo de crear una forma de comprender la vida según su propia visión de las cosas. Este es el momento en que los valores, los principios y hasta la fe, son puestos en duda para ver si son ciertos o valiosos.

Cuanta mayor capacidad tenga de mutar, mayor cantidad de elementos dispondrá para crear sus propios criterios que le servirán para «hacerse cargo de sí mismo». Pero siempre este momento es vivido por el adolescente con mucho malestar, y no debemos nosotros los adultos hacérselo más difícil de lo que ya es.

Construyendo al adolescente desde nuestra mirada

Estos son tiempos decisivos en sus vidas, en los que como consejeros debemos ser referentes para los adolescentes, debemos comprenderlos, y debemos animarlos a crecer sanamente.

Cuando me refiero aquí a la mirada, me refiero precisamente a la forma de comprenderlos. No estoy pensando en un tipo de mirada moral, es decir, si los miramos «con buena onda», si los miramos serios, si los miramos con desconfianza, o si los miramos exigentemente sin ponernos en su lugar. Quiero ir más allá de este tipo de mirada intencional. Cuando me refiero a mirada en este capítulo, me quiero referir al tipo de mirada que comprende e incluye un tipo de concepto y una definición.

Cuando miramos las cosas, siempre lo hacemos desde un tipo de evaluación previa, la cual nos brinda obligatoriamente un tipo especial de comprensión. Si deseo conocer algo pero lo hago desde una postura prejuiciosa, seguramente los resultados estarán basados en ese prejuicio previo. ¡Y esto es muchas veces lo que hacemos con los adolescentes!

De eso quiero hablar cuando me refiero a la *mirada*. De que todos deberíamos reflexionar en nuestro interior, para descubrir qué tipo de prejuicios tenemos hacia los adolescentes, hacia nuestros hijos, hacia los jóvenes de nuestro vecindario, hacia nuestros alumnos... ¡porque justamente será este tipo de *mirada* la que se encenderá a la hora de intentar comprenderlos y aconsejarlos!

En términos generales, podríamos decir que existen dos tipos de miradas frente a la adolescencia: una mirada estática y una mirada dinámica...

La adolescencia desde una mirada estática

Comencemos por la *mirada estática.* Este tipo de mirada tiene un fuerte contenido previo, como el que mencionábamos recién. Es un tipo de mirada que descansa mucho en los conceptos preestablecidos. Podríamos explicarlo de la siguiente manera: es un tipo de mirada que va *desde los conceptos al adolescente.*

A la persona con una mirada estática le interesa mucho más lo que dicen los libros, los especialistas, los informes televisivos, los noticieros, los periódicos, etc., que lo que verdaderamente se da en los adolescentes con los que se relaciona.

Con este tipo de mirada, el adolescente queda pasivo frente a nuestra forma de comprenderlo, porque explicamos todo lo que le sucede con los *conceptos.* Lo que está dicho o escrito organiza lo que creemos y vemos. El adolescente es entonces pasivo, y los conceptos son activos en nuestra comprensión.

Como una gran cantidad de personas miran a la adolescencia con este tipo de mirada, es que escuchamos cosas como: «¡Esta generación está perdida!», «¡A esta generación no le gusta trabajar!», o «Los jóvenes de hoy no se comprometen con nada». Todos estos son los conceptos populares reinantes en estos tiempos sobre la adolescencia y la juventud. Aunque, si buscáramos en las estadísticas, nunca antes ha existido una generación con más compromiso y participación como esta. Eso no importa mucho para la mirada estática. Con que en algún lugar haya leído que esta generación no se compromete o no trabaja, con eso le alcanza para sostenerlo, y no se detendrá a analizar si los adolescentes que lo rodean tienen o no esas conductas.

Otra característica de la mirada estática es que el adolescente puede ser entendido desde una sola manera de verlo. De ahí que se intente explicar la adolescencia desde una sola cara, por ejemplo la fisiológica, y así parece que lo único que importa es que en la adolescencia se producen cambios físicos que dan origen a desencuentros internos... ¡Este es un claro ejemplo de una mirada estática! A esta actitud de intentar comprender a las nuevas generaciones con la información proveniente de una sola variable la llamaremos *reduccionismo*, porque justamente se intenta reducir a una sola característica toda una conjugación de variables.

En resumen, cuando nos basamos más en los conceptos que están en los libros, en los comentarios que escuchamos, o en meros datos estadísticos, que en la información directa que tenemos de los adolescentes, entonces lo que tenemos es una mirada estática. Y una mirada estática es sumamente peligrosa porque podemos sacar conclusiones equivocadas acerca de la realidad que viven los adolescentes. Los datos pueden servirnos como disparadores, o para estar más atentos a ciertas cuestiones, pero no podemos pensar que las estadísticas sean el fiel reflejo de lo que le sucede a cada chico o chica, porque cada adolescente es único e irrepetible.

La adolescencia desde una mirada dinámica

Existe por otra parte la mirada dinámica que, a diferencia de la estática, no descansa en los conceptos sino en la información que nos brindan directamente los adolescentes. Dicho de otro modo, no son los conceptos los que nos explican lo que les sucede a los adolescentes, sino que son ellos mismos los que demuestran lo que les pasa.

Para la mirada estática con leer alcanza, pero para la mirada dinámica es necesario *conocer*. Por eso para esta mirada lo más importante son las relaciones. Hay que pasar tiempo con los adolescentes, hay que saber escuchar, y hay que observar bien para poder saber lo que les sucede. En esta mirada el adolescente es el activo, y los conceptos son pasivos. *Es el adolescente el que nos muestra las cosas, y los conceptos serán solo un apoyo, una ayuda para nuestra comprensión.*

Otro aspecto muy importante es que en esta mirada el adolescente es entendido como el resultado del modo en que se comportan una cantidad de variables. Por supuesto lo físico, pero también lo emocional, lo social, lo intelectual y lo espiritual. Todas estas variables hacen que sea como es. Sería imposible comprenderlo teniendo en cuenta una sola de las variables, porque esta solo nos mostraría una faceta, y no el todo.

Una mirada dinámica de la adolescencia consiste en comprender que se está frente a una persona con características y necesidades específicas, y que no se pueden amoldar las definiciones a las personas. Que lo importante es conocer a la persona en vez de sacar conclusiones por adelantado. Que no importa tanto lo que dice tu manual, sino lo que dice ese adolescente respecto de sí mismo.

¿Por qué es importante comprender estos dos tipos diferentes de mirada? Porque seguramente, como consejeros, educadores o líderes, estamos parados en una de ellas. O, al menos, más cerca de una que de la otra. De alguna manera estamos usando una de estas dos miradas al aproximarnos a los adolescentes. Y al reflexionar sobre ellas, podremos pensar con mayor claridad qué haremos de aquí en adelante. Si tenemos el deseo de poder relacionarnos mejor con los chicos y chicas que nos toque aconsejar, debemos tal vez cambiar nuestra manera de verlos, cambiar nuestra mirada...

¿Qué produce que un adolescente sea una persona conflictiva?

Las conductas conflictivas tienen un objetivo *funcional*, es decir que están *por algo* y *para algo*. Es cierto, hay que aclararlo, que estos *por* y *para* muy pocas veces son conocidos por los adolescentes. Pero esto no significa que no existan, o que no sean efectivos.

Conozcamos el *por qué* y el *para qué* de una conducta conflictiva

Para comprender las causas que producen que un adolescente sea una persona difícil de relacionarse, hay que entender cómo esta vivenciando su adolescencia. Por empezar, debemos comprender que muchos adolescentes dirigen su desconcierto y desorden interno hacia afuera, hacia las personas más cercanas y con las que tienen más confianza.

Cuando estaba cursando mis estudios secundarios, tuve que armar un pequeño grupo de estudio para una de las materias. La consigna fue que este pequeño grupo debía estar conformado por compañeros con los que no tuviéramos ningún tipo de relación. Recuerdo que entre los que estábamos en el grupo había una jovencita muy tímida y callada. Nunca nos miraba a los ojos, apenas hablaba, y solía no participar de las actividades de la clase. Sin embargo, nos llevamos una sorpresa cuando fuimos a su casa a organizar el trabajo para presentar en la clase. Ella nos esperó en la puerta de su casa, y al entrar, su mirada, su postura, su timbre de voz, y su forma de hablar cambiaron dramáticamente. Ella se dirigía a su madre de una manera muy dura. Le gritaba que se apurara, y le daba continuamente órdenes que la madre acataba con total sumisión. Al grupo pareció no importarle semejante cambio, pero yo quedé asombrado de ver cómo una niña tímida e indefensa podía ser tan autoritaria y agresiva justamente con su propia familia.

Esto no es extraño. Muchos padres me comparten que no entienden por qué sus hijos son de una manera en su casa y de otra cuando están con sus amigos. Y es que en *su casa,* con *sus padres*, están en un territorio conocido y seguro, donde sienten que son aceptados y amados y que nada puede cambiar esto. En cambio, el afuera es muy distinto. Es un territorio hostil donde tienen que cuidarse de todo. ¿Qué hacen los adolescentes, entonces? Expresan sus temores en el lugar en que creen que estos temores pueden ser sostenidos de una manera efectiva. En otras palabras, un adolescente enfrenta a su madre o a su padre justamente porque sabe que ellos seguirán amándolo a pesar de todo.

Podríamos añadir que *necesita* hacerlo. No es que *desea* hacerlo, sino todo lo contrario. ¡Le es *necesario*! ¿Por qué? Porque esto lo favorece para sentirse equilibrado internamente. Sobre todo cuando no ha podido encontrar de otra manera este equilibrio. Los adolescentes que necesitan enfrentar agresivamente el afuera, es porque no han encontrado otra manera de enfrentar lo que les está sucediendo por dentro.

Además, con esta situación el adolescente obtiene una pseudo sensación de poder, de dominio sobre los demás, porque justamente esta reacción le impide ver que los demás lo toleran por amor.

En cierta oportunidad, una adolescente me confesó que odiaba profundamente a su madre, que no soportaba que su madre se le acercara siquiera, y que prefería que ni le dirigiera la palabra. Una y otra vez repetía que su madre no entendía nada porque era una tonta, y que jamás iba a entender nada. ¡El nivel de agresión que tenía con su madre era impresionante! Sin embargo, cuando le pregunté si sabía por qué se sentía así, ella confundida me contestó que no, que no sabía por qué era así con su madre. La verdad, me confesó, era que no había nada que justificara su agresión y sus sentimientos negativos. ¡Esta madre no había hecho nada para que su hija la odiara tanto!

¿Entiendes lo que digo? Hay situaciones en las que el conflicto se presenta sin más justificación que los movimientos y los desconciertos internos propios de la adolescencia. Estos son adolescentes a los que les cuesta ser adolescentes, que no encuentran herramientas para poder enfrentar su adolescencia, y que la única manera de sentirse equilibrados es darle una salida exterior a toda esa frustración que viven en su desarrollo.

¿Qué debería sentir esta jovencita en lugar de estar proyectando sus sentimientos negativos hacia su madre? En lugar del conflicto, debería estar enfrentando un sentimiento de profundo malestar por los cambios que se están dando en su vida, tanto físicos como psíquicos. Solo que ella lo exterioriza de este modo.

Y es que el *adolecer* de un adolescente es justamente eso. Es un dolor interno, es una duda existencial, es un desequilibrio que se siente como imposible de racionalizar y explicar. Recordemos que la adolescencia es un camino que ningún caminante decidió recorrer. Todos estamos obligados a hacerlo, pero eso no hace que resulte menos tortuoso.

¿Qué pasaría si te levantaras una mañana sintiendo como que no eres tú, que algo cambió y que no sabes qué es? Para colmo, no encuentras explicaciones, y solo te dicen que dejes de molestar. Seguramente tendrías dos opciones: una de las opciones sería buscar las respuestas en ti, y la otra sería enojarte. ¡Pero muchos adolescentes sienten que solo pueden enojarse! Estos son los adolescentes «conflictivos», y si no encuentran una manera de que esto sea solo circunstancial, serán eternos hombres y mujeres «complicadas» para los demás.

¿Te has preguntado por qué los adolescentes conflictivos se rodean de ejemplos que empeoran aún más la situación? Escuchan música inaguantable, son maleducados, y se comportan de manera que los demás tienen que estar constantemente marcándoles sus actitudes equivocadas. Esto se debe a que así retroalimentan su percepción, y encuentran fácilmente formas de sentirse justificados en su manera de actuar. La expresión del conflicto por incapacidad interna es justamente esta. Pasar los límites, invadir el espacio del otro, y conseguir con esto una sensación de engrandecimiento del propio espacio.

En resumen, expresar hacia fuera lo que tienen dentro mediante conductas «conflictivas» porque no pueden hacerlo de otra manera, es el *por qué*. Y el ser conflictivos porque no tienen herramientas para ser de otra manera, logrando sentirse equilibrados al sacarse un malestar interno es el beneficio, es decir el *para qué*.

Cuando los adolescentes enfrentan a sus padres lo hacen midiendo hasta dónde llega su poder. Un adolescente que esta siempre con una actitud desafiante, lo que logra es sentir que su ser se agranda. Estos chicos y chicas no acatan normas, no respetan la autoridad, y no aceptan consejos, porque se sienten emperadores de los espacios ajenos... ¡Pero esto se debe justamente a que su vida interna esconde una profunda pobreza de herramientas para enfrentar sus propios temores!

Y la situación puede empeorar más aún. Este tipo de problemas se presentan cuando no existe ningún lugar de seguridad y tolerancia donde el adolescente pueda sentirse sostenido. En estos casos, solo queda *uno mismo*... y estos son los casos en que los adolescentes se autocastigan, se autolesionan o se autoboicotean.

Por el contrario, cuando sienten que pueden gritar y enojarse con aquellos que seguirán estando incondicionalmente a su lado por amor, solo ahí sienten que esta agresión puede ser expresada efectivamente. Por eso, es muy raro lo que voy a decirte, pero lo mejor que puede pasarle a un adolescente que vive esta circunstancia es que tenga padres que lo toleren en amor. Y líderes que lo hagan también.

capítulo 6

El trabajo multidisciplinario en la consejería

Por Karen Lacota

Por un prolongado tiempo acompañé a una joven que había atravesado por situaciones traumáticas durante su niñez y adolescencia. Si bien ella reconocía que lidiaba con inseguridad, temores y hábitos destructivos, cada encuentro parecía un círculo del que no lográbamos salir. Las mejoras en su vida más bien se asemejaban a un automóvil que recibe auxilio para poder llegar hasta el taller mecánico más próximo. Ella salía de cada sesión animada y dispuesta a mejorar, pero al cabo de unos pocos días nuevamente se encontraba cediendo ante sus debilidades. Cada encuentro era igual el primero. Estábamos las dos estancadas. Así es que, como te imaginarás, lidié con la frustración, e incluso me hice preguntas relativas a mi desempeño como consejera... ¿Qué estoy haciendo mal? ¿Acaso soy tan mala aconsejando? ¿Por qué acepté aconsejar a esta joven?

Espero que jamás te encuentres en una situación en la que tú también te plantees preguntas similares. Pero por las dudas, quiero compartirte que en situaciones así podemos experimentar una serie de emociones y cuestionamientos, tales como:

- **Frustración:** No me escucha. Termina haciendo lo que desea.
- **Impaciencia:** Espero que ya tome una decisión, ¡es tan sencillo! Solo necesita dar algunos pasos y, por supuesto, seguir mis consejos.
- **Enojo:** No comprendo por qué prolonga tanto esta situación. ¡Creo que ya me estoy cansando de su inacción!
- **Decepción:** Definitivamente no lo logrará conmigo...
- **Culpabilidad:** ¿Será que yo no estoy ayudando lo suficiente?

Es como una sensación de dar golpes al aire. ¡Escuchar y tratar de guiar a una persona sin ver mejoras ni crecimiento en su vida es muy desalentador! Tal vez tú no llegues a atravesar todo este camino. Tal vez experimentes solo uno, o algunos, de estos sentimientos negativos. Solo quiero que sepas que esto es perfectamente normal, ¡y nos pasa a todos en algún momento u otro!

Lo cierto es que las crisis personales de los adolescentes pueden ser muy complejas, y las situaciones similares pueden ser abordadas de diferentes formas dependiendo del lente con el que se las mire. Las personas somos diferentes y únicas, y nuestras experiencias, el ambiente donde crecimos, y quienes nos rodearon e influyeron sobre nosotros para bien o para mal, todos determinan en gran manera nuestra forma de ver y de percibir el mundo. De hecho, el ser humano en sí es muy complejo, no solo durante la adolescencia. De ahí la importancia de dar el cuidado que cada muchacho o muchacha requiere, y el amor al estilo de Jesús, quien dijo que amemos a los demás como Él nos ama (Juan 13.34). ¡Que gran responsabilidad!

Y es que Jesús nos dejó ejemplos de cómo brindar atención personalizada a aquellos que se acercaban a Él por un milagro, o por el deseo de conocerlo y oír sus enseñanzas. Nicodemo, el fariseo, fue uno de ellos. Se acercó a Jesús de noche, posiblemente para no ser visto por los demás. Sin embargo, Jesús no lo juzgó ni lo rechazó. Con amor y humildad entabló una conversación profunda con él. Más tarde sería este mismo hombre, que había tenido un encuentro con Jesús que cambió su vida, quien hablaría abiertamente en su defensa y confrontaría a los fariseos por no cumplir sus leyes (Juan 7.50-51).

Del mismo modo, cada joven que acude a nosotros para recibir ayuda debe ser atendido de acuerdo a su diseño individual. Los consejos y experiencias que dieron resultados con un chico o chica en particular, no necesariamente funcionarán con otro. En ocasiones podríamos vernos tentados a utilizar un mismo plan de acción para casos aparentemente similares. Sin embargo, para nuestra sorpresa y frustración, quizás no obtengamos los resultados esperados, ya sea un cambio de conducta o la toma de decisiones trascendentales en la vida de nuestros jóvenes, porque ninguno es igual a otro.

Conozcamos nuestros puntos débiles y nuestros puntos fuertes como consejeros

Ante la complejidad de los problemas que enfrentan nuestros jóvenes en la sociedad de hoy en día, se les hace difícil tener claridad al momento de tomar decisiones, así como mantener relaciones interpersonales adecuadas. De hecho, cada vez tenemos un número mayor de chicos que están en situación de riesgo. Consideremos, por ejemplo, a un adolescente que crece al lado de un padre alcohólico. Este muchacho será más propenso a beber a temprana edad y a manifestar inestabilidad emocional en el trascurso de su vida. O pensemos en una adolescente que ha sufrido algún tipo de abuso. Ella podría manifestar aislamiento, soledad e inseguridad. Un estudiante de escuela secundaria podría estar siendo amedrentado por otros compañeros sin que nadie se entere, hasta que un día recurre a una acción que podría llegar a ser extrema... Y los ejemplos podrían seguir y seguir.

De ahí que necesitemos reflexionar sobre nuestros puntos fuertes y nuestros puntos débiles durante el proceso de consejería. Debemos intentar brindar todas las herramientas posibles para que el joven o jovencita al que aconsejamos salga adelante, se supere y alcance el desarrollo óptimo de sus habilidades. Pero el intentar hacerlo todo solos únicamente producirá expectativas falsas y mucha frustración en nosotros como líderes juveniles. Esto es porque en muchos casos no podemos cubrir todos los aspectos de la problemática, ya que son más complejos y requieren otras acciones que nosotros no estamos autorizados o capacitados para tomar. Por lo tanto, debemos reconocer que no contamos con todos los conocimientos y destrezas en el uso de herramientas orientadas a prevenir, intervenir, y asistir durante el tiempo de la identificación o recuperación de las crisis. Aunque a muchos les cueste reconocer que no lo saben todo, o que no tienen la capacidad suficiente para guiar hacia una sanidad completa e integral, lo cierto es que todos los líderes tenemos limitaciones, ¡aun aquellos muy experimentados y que vienen trabajando con jóvenes y adolescentes desde hace años!

Reúne a un grupo de especialistas

Es importante por todo esto reconocer la necesidad de trabajar con un equipo multidisciplinario, compuesto por especialistas en áreas específicas del desarrollo humano, o con otros consejeros espirituales con mayor experiencia en determinados casos. Reconocer que necesitamos la ayuda de otras personas para brindar un mejor acompañamiento al joven no es señal de debilidad. Al contrario, es una evidencia de madurez y de amor genuino por encima de nuestro propio «yo», que demuestra un claro compromiso por ayudar a otros sin importar la posición, el estatus, o los celos ministeriales o profesionales.

Esto me recuerda a Juan el Bautista cuando anunciaba que venía uno que era mayor que él, de quien no se sentía digno de atar el cordón de sus zapatos, porque lo consideraba mayor que a sí mismo en su misión y en su naturaleza divina. Cuando nosotros reclutamos a otras personas que pueden acompañar mejor a nuestros chicos en algún aspecto específico, estamos reconociendo, al igual que Juan, que hay otros que están mejor preparados para atender determinadas cuestiones o para reforzar el trabajo que venimos realizando. ¡Estás diciendo que no tienes todas las respuestas, y que no posees todas las destrezas que se requieren en determinadas situaciones, y esta actitud es en verdad una señal de madurez y fortaleza en tu vida como líder!

Al aconsejar a tus jóvenes o adolescentes, recuerda que los motivos de sus conflictos pueden tener diversos orígenes:

- Los factores congénitos y hereditarios, y los cambios normales por el crecimiento, que tienen un origen orgánico;
- Los factores ambientales que pudieron influir en ellos desde su infancia, como el relacionamiento con un padre agresivo o una madre depresiva;
- Los factores desencadenantes actuales, como por ejemplo el fracaso escolar por problemas de aprendizaje o de atención.

Estos son solo algunos ejemplos de un sinnúmero de detonantes que pueden dar pie a grandes dificultades, limitaciones o crisis personales, las que quizás requieran ser atendidas desde un enfoque multidisciplinario.

Cuando nos referimos a un enfoque *multidisciplinario*, nos referimos a una forma de abordar un problema que integra a diversas personas especializadas en distintos temas, con herramientas específicas para la detección y el acompañamiento, y que en ocasiones, de acuerdo al caso, incluye también un tratamiento externo. El equipo multidisciplinario puede estar integrado por otros líderes, o por médicos, psicólogos, docentes, orientadores, trabajadores sociales, asesores legales, psicopedagogos, u otros, dependiendo de cada situación.

Por ejemplo, un estudiante podría acercarse a ti pidiendo consejo sobre qué carrera escoger, al no lograr identificar sus habilidades. En este caso sería de gran ayuda y respaldo a tu labor el guiarlo hacia el asesoramiento de un orientador o psicólogo que le aplique un test vocacional para conocer sus habilidades y preferencias. O, un joven que es víctima de acoso escolar podría requerir de un acompañamiento psicológico si presenta ansiedad, depresión, falta de sueño, u otros síntomas similares, de tal manera que el acompañamiento que reciba sea mucho más amplio y efectivo.

En el ámbito educativo es común el trabajo coordinado con equipos multidisciplinarios integrados por médicos, psicopedagogos, evaluadores, psicólogos y educadores, porque provee una visión más amplia de determinadas situaciones manifestadas a nivel emocional, espiritual, o físico en los estudiantes. Esta dinámica de trabajo ayuda también a establecer estrategias que contribuyan al desarrollo de diferentes habilidades en los adolescentes, ya que se genera una sinergia que permite realizar aportes desde diferentes ángulos y establecer un plan de acción más eficaz.

Puedes, por ejemplo, considerar el utilizar este enfoque cuando identificas que uno de tus adolescentes manifiesta dificultades para concentrarse y sostener una conversación larga, o para participar de actividades específicas como ver una película o realizar una tarea en particular, por su incapacidad para quedarse quieto durante mucho tiempo, o por las reiteradas interrupciones o intromisiones en las conversaciones o espacios de otros. Tal vez intentes conversar con sus padres o familiares, y hables con él, lo aconsejes, o le des indicaciones que esperas siga, pero sin embargo no lo hace... Considerando lo anterior, posiblemente estés frente a un chico que presenta algunas características del trastorno de déficit de atención e hiperactividad (TDAH), el cual tiene un origen biológico que afecta sus capacidades para prestar atención, regular su nivel de actividad, y frenar sus comportamientos. Definitivamente él necesitará diagnósticos médicos y un tratamiento sistemático que como líder no podrás darle. En cambio, sí podrás demostrarle tu afecto y brindarle ánimo para seguir las indicaciones de un profesional, además de guiarlo a que confíe en Jesús y se aferre a Él.

Genera una red de relaciones

En su libro *«Cómo ayudar a jóvenes en crisis»*, Jim Hancock y Rich Van Pelt mencionan la importancia de generar una red de relaciones que incluya a otros jóvenes, amigos, compañeros, padres, maestros y autoridades de la escuela, y, ocasionalmente, fuerzas de seguridad, médicos y servicios sociales. Estos autores resaltan que:

- Los jóvenes involucrados en apoyo y mediación entre sus compañeros, hacen un gran bien.
- Los amigos son generalmente los primeros en percibir las señales de lucha interna.
- Los compañeros de la misma edad ven en ocasiones lo que los padres no ven.

- Los padres (si son funcionales) son los primeros en apostar e invertir en el bienestar de un joven.
- El contacto casi diario de los maestros con los jóvenes permite que ellos registren el flujo de la interacción social y del bienestar emocional.
- Los directores de las escuelas pueden traer enfoque y urgencia a un problema emergente si otros son lentos en actuar.
- Los médicos pueden ser capaces de diagnosticar y tratar desórdenes físicos antes de que lleguen a proporciones críticas.
- Las autoridades locales preferirían prevenir la actividad criminal de las personas en lugar de arrestarlas luego de los actos.
- En circunstancias extremas, los servicios de protección de menores pueden actuar para sacar a un niño o joven del peligro.

Si bien estos autores hacen referencia a generar, como medida preventiva, la interacción de personas genuinamente interesadas por el joven o cercanas a él para detectar a tiempo cualquier señal de alarma, también es importante considerar a estas personas durante la intervención en situaciones que, aunque no sean tan graves, resulten conflictivas para el joven.

Identifica cuándo pedir ayuda a otros

Es conveniente que busques ayuda de otros para la intervención y el acompañamiento apenas detectes que la situación supera tus capacidades. Y también cuando creas que es posible que el joven se encuentre en un inminente peligro.

Por ejemplo, hay situaciones en la vida de los adolescentes que requieren de una intervención *inmediata* porque existe un riesgo a nivel físico y/o emocional. Algunas de estas situaciones pueden estar relacionadas con crisis por la pérdida de un ser querido, mal uso de la tecnología, ruptura de un noviazgo, intentos de suicidio, desestructuración familiar, aborto, agresiones físicas y acoso sexual. Los adultos a cargo, como sus padres, maestros, líderes y otros, deben actuar lo antes posible a fin de salvaguardar su integridad física y emocional.

También se debe accionar rápido ante patrones de conductas persistentes, sostenidas en el tiempo, tales como la depresión, la ansiedad, la promiscuidad sexual, las adicciones, los desórdenes alimenticios, el comportamiento compulsivo, o los productos de situaciones traumáticas en la vida del joven como el abandono parental, las agresiones físicas o sexuales, y otras situaciones que afectan sus emociones y su cuerpo.

Por lo tanto, los problemas o crisis de los adolescentes podrían requerir, de acuerdo a la necesidad, de un trabajo en conjunto con profesionales y consejeros. Tal es el caso del acoso escolar. En base a experiencias en el ámbito educativo, se ha detectado que es fundamental la intervención inmediata ante evidencias o denuncias de acoso escolar. Todo estudiante que protagonice maltratos sistemáticos, ya sea como víctima o como agresor, debe recibir urgentemente acompañamiento en el aspecto espiritual, a fin de abordar a la luz de los principios bíblicos el significado de amar, perdonar y honrar a los demás, además de acercarlos a Jesús para que conozcan su amor, perdón y restauración. Todo esto producirá cambios de paradigma que redundarán en beneficio de sí mismo y de los demás.

Que entables comunicación con adultos referentes en la institución educativa a la que asiste el adolescente que estés aconsejando, será importante para brindar un acompañamiento desde el ámbito donde se genera la violencia. Por ejemplo, podrías buscar a un pastor estudiantil o a un docente referente para el estudiante, quienes serían capaces de ofrecerte un panorama más amplio a fin de brindarle el apoyo necesario.

También el adolescente que sufre maltratos sistemáticos debe recibir acompañamiento psicológico a través de programas de intervención directa o de planes de acción con los estudiantes involucrados y el grupo, para que cada parte desarrolle sus habilidades de relacionamiento intrapersonal e interpersonal y el manejo de sus emociones. El objetivo debería ser promover un buen ambiente que les posibilite gestionar eficazmente las situaciones conflictivas y aprovechar mejor el proceso de enseñanza y aprendizaje.

Por otro lado, es fundamental tener apertura para trabajar cooperativamente con otros y reconocer la riqueza que existe en el conocimiento y en las experiencias de personas que han recibido formación específica en alguna rama del saber. Esto es importante porque cualquier prejuicio o desestimación nos impedirá aprovechar las posibilidades que nos ofrece esta clase de trabajo multidisciplinario.

El perfil para tu equipo multidisciplinario

De acuerdo a la situación que se encuentre atravesando tu adolescente, ya sea de manera temporal o sostenida en el tiempo, podrías considerar buscar la ayuda de una o más personas para trabajar en colaboración contigo, ya sea personas cercanas a él, o especializadas en determinadas áreas. Puedes elaborar un listado con los datos de personas que, por su aptitud y experiencia, califican en aspectos específicos. Algunos de ellos podrían ser:

- **Consejeros/líderes:** En el ámbito de la consejería espiritual muchos se han especializado en determinados temas, tales como las adicciones, el noviazgo, la sexualidad, el matrimonio, y diferentes tipos de abusos, entre otros, a fin de poder brindar ayuda de forma específica. Su formación y su experiencia podrían contribuir a dar un acompañamiento más efectivo.

- **Padres:** En la mayoría de los casos, los padres son los mejores aliados para el acompañamiento del adolescente o del joven. ¡Esto no es de extrañar, considerando que son sus hijos! Por lo tanto, establecer una comunicación efectiva con los padres para acordar estrategias que beneficiarán a sus hijos suele resultar muy provechoso.

  A su vez, la mayoría de los padres reconocen su necesidad de contar con personas que les ayuden para que sus hijos desarrollen al máximo su potencial, tales como docentes, líderes, profesionales, y todos aquellos que puedan interactuar de manera intencional y constructiva con los mismos.

  Por otro lado, es cierto que en ocasiones el líder juvenil no cuenta con el apoyo de todos los padres. Esto puede deberse a problemas emocionales o físicos de algunos padres, a la falta de herramientas, conocimientos o destrezas para ayudar a sus hijos, a la ausencia en el hogar, o a problemas de adicciones, por solo nombrar algunos. En estos casos podrías considerar solicitarle ayuda a algún padre o madre que esté dispuesto a brindar consejería desde su perspectiva a un adolescente, aunque no sea su propio hijo o hija.

- **Médicos:** Ante determinados tipos de conductas persistentes en el joven, es importante descartar toda probabilidad de origen orgánico o biológico. A través de diferentes estudios, los médicos pueden diagnosticar anomalías físicas, neurológicas, químicas, etc., que puedan ser las causantes de ciertos comportamientos, y tratarlas adecuadamente.

- **Psicólogos:** La adolescencia es la etapa en la que generalmente aparecen conflictos psicológicos como la dificultad para aceptar la propia imagen, conflictos en el relacionamiento con los padres y con los pares, trastornos de ansiedad y depresión, inadaptación social, trastornos alimenticios, conducta autolesiva, intentos de suicidio, trastornos por el uso de drogas, trastornos de estrés, etc. Por lo tanto, la labor de un profesional especialista en psicología podría contribuir a orientar y asesorar a los adolescentes en el manejo de sus emociones y en la adquisición de herramientas concretas para un buen relacionamiento consigo mismos y con los demás. También podría conducir o guiar a la familia del adolescente para prevenir determinados trastornos que con frecuencia aparecen en esta etapa si no se interviene eficazmente y a tiempo, principalmente ante señales evidenciadas en su comportamiento.

Finalmente, es importante destacar que es el líder juvenil quien, en muchos casos, podría ser el primero en buscar el apoyo de otros y en orientar a los padres hacia acciones concretas, con el fin de brindar toda la ayuda posible al adolescente. Él podría también recabar información relevante de los padres, y sumarla a la brindada por los profesionales o consejeros especializados. Y además puede ser este líder, desde su rol de consejero, quien contribuya a la construcción en la vida del adolescente de su identidad en Cristo.

Por otro lado, ante cualquier diagnóstico médico, psicológico, o ante situaciones conflictivas que tus adolescentes pudieran atravesar, ten la certeza de que Dios obrará de diferentes maneras. Filipenses 1.6 dice: *«Estoy convencido de esto: el que comenzó tan buena obra en ustedes la irá perfeccionando hasta el día de Cristo Jesús»*.

Así que disponte a trabajar con un equipo multidisciplinario, y no te aísles, no te impacientes ni te frustres. Los consejos que das no son en vano. Dice 1 Corintios 9.26 (NTV): *«Por eso yo corro cada paso con propósito. No solo doy golpes al aire»*. ¡Ánimo! Lo que permites que Dios canalice a través de ti, ¡tiene un gran propósito!

Y ten siempre presente lo siguiente: Es nuestra tarea como líderes creer que Dios termina lo que empieza, que la sanidad completa es posible, que las transformaciones son su especialidad, que los imposibles palidecen ante su poder, y que somos portadores de su esperanza. Es nuestra tarea consolar, aconsejar, acompañar y creer... y es tarea de Dios completar su obra en nuestros jóvenes.

SEGUNDA PARTE

capítulo 7

Depresión y suicidio

Palabras de Karen Lacota

Los padres de Felipe están preocupados porque han observado que se ha aislado de sus amigos y familiares. Este comportamiento se ha venido manifestando a partir del momento en que terminó su relación de noviazgo con Ana. A partir de ese suceso empezó a cambiar su humor en casa y en la escuela. Cada vez sale menos de su habitación, ya no realiza actividades al aire libre luego de las clases como acostumbraba a hacerlo, y además tiene un rendimiento académico bajo por primera vez en su vida escolar. ¿Qué le está sucediendo? ¿Cómo ayudarlo? ¿Quiénes lo acompañarán? Estas fueron algunas de las preguntas que surgieron en una reunión entre padres y docentes de su escuela. Todo apunta a que posiblemente esté atravesando algún grado de depresión...

La depresión es una enfermedad que ataca a millones de personas y no discrimina por edades. Se define como una sensación de abatimiento y desesperanza que *dura más de dos semanas*. Aunque todos tenemos alguna vez días difíciles, lo cierto es que las personas que atraviesan una depresión experimentan irritabilidad, cambios de humor, aislamiento, cambios en los hábitos de comer y dormir, a la vez que sienten agitación y ansiedad *durante tiempos prolongados*.

Una depresión podría desencadenarse a raíz de un sin fin de situaciones cotidianas, y aflorar a consecuencia de distintos sucesos en la vida. Como los adolescentes atraviesan una serie de cambios a nivel físico, social, y emocional, entre otros, es normal que en ocasiones no se sientan valorados, que presenten cambios de humor drásticos, o que se aíslen. Sin embargo, se debe estar atentos a esos cambios de ánimo constantes, ya que la soledad puede llevarlos a un estado de tristeza o ansiedad profundas, quitándoles la motivación y la energía, y haciéndolos vulnerables a ser víctimas de la depresión.

Este no es un tema menor. Las depresiones que no se tratan constituyen la causa número uno de suicidio. De ahí que, tanto padres, como docentes y líderes, entre otros adultos responsables, deben tomar muy enserio, cada uno desde su posición, los cambios abruptos que puedan observarse en el comportamiento de los adolescentes. En cuanto a ti como líder y consejero, puedes acompañar al adolescente que se encuentra en una fase inicial o crónica de la depresión de las siguientes maneras:

1. Pon atención a los indicadores de depresión:

Aprende a identificar algunas llamadas de atención que pueden alertarte sobre su estado con estos simples consejos:

- Haz preguntas sencillas al adolescente sobre cómo se siente, sobre sus logros y sobre los desafíos que lo motivan para alcanzar sus sueños o metas personales. En un estado depresivo, el adolescente perderá la energía y las fuerzas para lograr lo que se propuso anteriormente, o para participar de eventos que normalmente le apasionaban.

- Atiende a sus expresiones orales y a su estado de ánimo, para detectar si manifiesta negatividad ante su vida y su entorno en general, si se siente triste, melancólico, infeliz o perturbado, o si reacciona con irritabilidad ante sus familiares, profesores, amigos y compañeros de la escuela.
- Obsérvalo durante el tiempo en que interactúa con otros jóvenes del grupo. Fíjate si participa con ánimo de las actividades, o si presenta alguna conducta de aislamiento.
- Habla con sus padres a fin de conocer otros datos relevantes. En algunos casos los padres no se percatan del estado anímico de sus hijos, por lo que tal vez debas tú alertarlos sobre la situación que él o ella podría atravesando. Es importante que les preguntes si han notado algún cambio en sus rutinas diarias, o si lo han visto retraído por un tiempo prolongado.
- Averigua cómo le va en la escuela, si ha bajado su rendimiento académico, o si le cuesta concentrarse o cumplir con sus responsabilidades.
- Considera otros aspectos tales como la pérdida de apetito, la culpabilidad, mucho cansancio, desgano para levantarse de la cama, sensibilidad extrema, pérdida de interés en amistades y en el relacionamiento interpersonal.
- Estate alerta para ver si presenta conductas autolesivas o signos de consumo de alcohol o drogas.

Por otro lado, ten en cuenta que los adolescentes que están atravesando una depresión difícilmente quieran hablar sobre cómo se sienten. De ahí la importancia de que no subestimes ningún comentario o reacción en la que manifiesten pensamientos suicidas. ¡Esto debería encender las alarmas para tomar inmediatamente medidas de intervención con los padres! Este tema no es broma. Cuando los adolescentes están sumidos en una depresión severa, esta puede llevarlos a intentos de suicidio. Por ello, ante estos indicadores de comportamiento debes comunicarte urgentemente con los padres de tal manera que intervengan en la situación de su hijo, brindándole todo el apoyo requerido desde el hogar así como también la ayuda de profesionales médicos.

2. Para apoyar el tiempo de tratamiento y recuperación brindada por los padres y profesionales de la salud, considera algunos consejos prácticos, tales como:

- Dialoga con el adolescente a fin de que exprese las causas que han producido cambios en su vida. Encontrar la fuente será fundamental para el proceso de intervención y recuperación.
- Hazle sentir que él o ella es importante para ti y para el grupo de jóvenes de la iglesia. Con pequeños detalles, sin agobiarlo, pueden demostrarle su afecto.
- Forma un grupo de apoyo donde estén involucrados sus padres, sus docentes, directores o entrenadores, y algunos amigos, a fin de que juntos le demuestren su atención, su afecto, y su respaldo incondicional.
- Aconseja a los padres para que realicen actividades que lo fortalezcan espiritual, física y emocionalmente. Por ejemplo, que establezcan un tiempo de devocional diario, donde compartan la Palabra de Dios y oren por su hijo. Puedes recomendarles un devocional para jóvenes. Y también recomendarles que dialoguen y pasen más tiempo con su hijo.

- Ayuda al adolescente a trazarse un plan de metas a corto plazo.
- Oriéntalo para que pueda distraerse con actividades y oír canciones que le levanten el ánimo. Es este tiempo es muy importante prestar atención al tipo de música que escucha y la literatura que lee.
- Anímalo a congregarse, y a buscar a Dios en oración a solas y en la comunidad de fe.

3. Considera muy seriamente el riesgo de suicidio.

La depresión es el principal causante de suicidio entre los adolescentes. Y los intentos de suicidio están generalmente relacionados con problemas emocionales de larga duración. El adolescente lidia con ideas sobre la muerte al no sentirse amado o al sentirse una carga para sus seres queridos. En la escuela, por ejemplo, podría realizar dibujos que refieren a la muerte, o mencionarla frecuentemente en sus expresiones verbales o escritas y en otras manifestaciones. De ahí la importancia de incluir a algún docente o director en el grupo de apoyo, a fin de alertar sobre cualquier indicio de ideas suicidas.

Ante cualquier evidencia de pensamientos suicidas, comunícate de inmediato con los padres o con alguna otra persona que pueda contribuir a garantizar su seguridad. No des por sentado que el adolescente está bromeando, o que no habla en serio. Si lo manifiesta, puede que sí lo haga.

Son muchas las situaciones o acontecimientos que ponen en riesgo la salud mental de los adolescentes. De ahí la importancia de que ores por ellos, los apoyes espiritual y emocionalmente, y les enseñes los hábitos espirituales, a fin de guiarlos hacia Jesús, quien les dará aliento para el presente y esperanza respecto a su futuro. La palabra de Dios menciona que el ladrón no viene más que a robar, matar y destruir, y que Jesús ha venido para que tengamos vida, y la tengamos en abundancia (Juan 10.10). Jesús también vino a sanar a los quebrantados de corazón, a pregonar libertad a los cautivos, a dar vista a los ciegos, y a poner en libertad a los oprimidos (Lucas 4.18).

Jesús tiene el poder para librar a los adolescentes de la depresión y de la muerte, y tú debes ser un instrumento para salvación, ¡útil para el Señor y preparado para toda buena obra!

Palabras de Adrián Intrieri

Uno de los mayores problemas que se presentan en estos tiempos para la adolescencia está relacionado con el dolor, la angustia, y la soledad... y a partir de allí surge la depresión adolescente. Cabe resaltar que una etapa de angustia o un bajón en el rendimiento no siempre son sinónimos de depresión. Para que esta sea diagnosticada efectivamente se debe consultar a profesionales que se dediquen específicamente a esto.

Sin embargo, es importante que tú como líder sepas que los trastornos depresivos afectan todas las áreas del adolescente. En el aspecto físico, la energía vital que todos poseemos y que nos ayuda a hacer cosas en la vida esta justamente en juego. Por eso es que podemos notar que los adolescentes están más cansados o desanimados que de costumbre. En las áreas intelectuales, se evidencia una manera negativa de ver las cosas, de pensar y de sentirse. En los aspectos emocionales, los adolescentes se aíslan y es como si se dieran por vencidos en lo que hace a construir o mantener relaciones.

Cabe aclarar que en la mayoría de las situaciones donde se observa alguna conducta depresiva, esta no es fruto de la voluntad del adolescente, y por lo tanto no puede ser modificada fácilmente. Es por esto que lo primero que debemos aconsejar es la consulta con un profesional.

Cuando aparecen los pensamiento fatalistas y negativos

Puede ser que, debido a la falta de esa energía vital que nos ayuda a ser optimistas y enfrentar la vida, la manera de pensar de los adolescentes que están atravesando una depresión se torne fatalista y negativa. Sus percepciones pueden distorsionarse, y la vida entonces será solo entendida desde lo malo. En estos casos debemos recomendar ayuda psicológica y hasta psiquiátrica. Estos pensamientos negativos suelen desaparecer cuando el tratamiento empieza a hacer efecto.

Cómo ayudar a un adolescente deprimido

Lo primero y más importante que podemos hacer como consejeros es ayudara la familia a tomar consciencia de la importancia de que el adolescente reciba urgentemente un diagnóstico correcto y un tratamiento adecuado. Algunas familias se sienten abrumadas frente a noticias como esta, y pueden presentar una conducta negadora de lo que le pasa al adolescente. O pueden tardar en reaccionar, ya sea por angustia o por desinformación.

Por otra parte, el consejo optimista de un líder los ayudará a sentirse sostenidos. Esto implica comprensión, paciencia, y afecto. También debemos enseñarles que nosotros somos mucho más que lo que nos sucede. No somos lo que padecemos. Esto es circunstancial, y con un tratamiento adecuado y la ayuda necesaria, esto también pasará en la vida del adolescente.

Luego, una vez iniciado el tratamiento, será necesario asegurarse de que el adolescente deprimido esté tomando el medicamento, ya que justamente su actitud de desgano puede producir que abandonen fácilmente lo que deben hacer.

Además, que el adolescente se sienta comprendido y no juzgado será una pieza fundamental para que pueda estabilizarse. Los padres deben tener una actitud empática y paciente, no menospreciando jamás los sentimientos que el exprese el adolescente. Por otra parte, si bien es probable que los comentarios del adolescente sean constantemente negativos debido a su estado, no se deben tomar a la ligera comentarios o alusiones al suicidio, como ya explicamos anteriormente.

Como líder, una buena idea que puede resultar de ayuda es invitar al adolescente deprimido a caminar, pasear, ir al cine, o realizar otras actividades fuera de la casa. El sol, los espacios libres, la risa y el buen momento con amigos le ayudarán a salir más fácilmente de la depresión. Por el contrario, la soledad y los espacios cerrados y oscuros fomentan la tristeza, la angustia y la depresión.

Qué decirle al adolescente deprimido

- Algo te esta sucediendo, que involucra aspectos químicos y también conductas.
- Seguramente no será fácil solucionarlo, pero podremos hacerlo juntos.
- Yo voy a estar siempre a tu lado. Por eso, date permiso en este tiempo para estar mal, o vulnerable, pero llegará el momento en que deberemos juntos ponerle un final a lo que estás sintiendo ahora.
- Esto parece imposible ahora, pero luego irás encontrando las fuerzas para hacerlo. Quizás no lo sientes hoy, pero lo sentirás mas adelante.

- Acepta el hecho de que durante un tiempo estarás menos atento y menos interesado por tus ocupaciones habituales y por tus amistades; que no tendrás ganas de hacer cosas y desearas dormir todo el día... Esto es normal, pero no deberás entregarte a hacerlo. Aunque no tengas ganas, levántate de la cama, y aunque no puedas, trata de encontrar fuerzas para realizar cosas, aunque sean pequeñas.
- Estos son tiempos de muchas sensaciones encontradas. Pasaremos tiempo juntos y necesitaré que seas totalmente sincero conmigo. Cuéntame cómo te sientes, que yo te escucharé. No te hagas el fuerte, no te guardes todo para ti. Con el tiempo, el dolor irá disminuyendo.
- Probablemente deberás tomar medicamentos e ir a ver a profesionales. Debes ser responsable con esto para que te sientas mejor rápidamente.
- Sé paciente contigo mismo y con todo lo que sientes. Dale la oportunidad a tus amigos y familiares de estar a tu lado. Piensa que pueden querer ayudarte, pero no saben la manera de hacerlo. No te quedes esperando su ayuda y pídeles lo que necesitas.
- Tendrás días en los que sentirás paz, y otros en que no. Es importante, entonces, que cuentes a otros cómo te sientes para que puedan ayudarte.
- Dale tiempo al tiempo. ¡Dentro de muy poco tendrás la victoria!

Palabras de Esteban Obando

¿Puede un cristiano estar deprimido? ¿Puede inclusive contemplar el suicidio?

Desde una óptica un poco rígida, podríamos pensar que si estás con Dios, y siendo Él la fuente de gozo, entonces no deberías pasar por estas cosas. Pero la realidad de la vida, y aun la realidad bíblica, nos enseñan que la cosa no es tan así... Ser humano incluye enfrentar temores, tristezas y muchas situaciones que pueden modificar nuestros sentimientos.

No juzgues nunca a una persona por su estado emocional. Hay todo un trabajo en estas situaciones que la iglesia aún no está capacitada para realizar. Sin embargo, algo que sí podemos hacer es recibir al caído. Recibirlo sin juzgarlo, e intentar con nuestra compañía darle esperanza. Muchas veces, elementos básicos de nuestra fe, como la oración, el estudio de la palabra de Dios, y la comunidad de los creyentes, pueden ayudar a una persona que está padeciendo esta aflicción.

Por otra parte, eso del trabajo que «la iglesia aún no está capacitada para realizar» no lo escribo a la ligera. El tema de la depresión, en especial si esta conduce a pensamientos suicidas, no se puede tomar como un proyecto más entre todas las cosas. No es comparable a otros problemas. Es algo mucho más profundo. La depresión es una condición médica seria, que afecta el cuerpo, el estado de ánimo y los pensamientos de la persona que la padece.

Es más, me atrevería a decir que casi en el 100% de las situaciones en las que detectemos que alguien está atravesando una depresión, es recomendable que busquemos profesionales que puedan tomar el caso en sus manos. Nuestra labor estará limitada a ayudar en lo que podamos. Pero te repito: ¡no trabajes en esto solo! Las consecuencias pueden ser muy pesadas... ¡Busca ayuda profesional!

Sin embargo, pasaré ahora a decirte lo que sí podemos hacer desde la iglesia. Por empezar, la Biblia nos anima a estar llenos de gozo, así que al parecer Dios quiere que tengamos vidas con gozo...

«Alégrense siempre en el Señor. Insisto: ¡Alégrense!» Filipenses 4.4

Ahí mismo, en medio del versículo, está precisamente la clave para esa alegría y gozo: debemos alegrarnos *«en el Señor»*. No voy a ahondar demasiado en el tema para que esto no se convierta en una predicación escrita, pero la verdad es que, como cristianos, la fuente de ese gozo está vinculada a nuestra propia relación con Dios. El gozo es un resultado de nuestro caminar con Dios.

Esto es lo que sucedió hace muchos años en la vida de Elías. Fíjate que estamos hablando de un hombre que evidentemente tiene el respaldo de Dios. A través de su vida Dios ha detenido la lluvia, ha hecho grandes milagros, ha resucitado a un muchacho, ha retado a cientos de falsos profetas, y por su palabra ha descendido fuego del cielo. Espiritualmente hablando, Elías ha corrido más rápido que cualquier otro en la historia. Sin embargo, después de todos estos grandes logros, un día una mujer lo confronta y lo amenaza... ¡Y entonces viene la crisis! La depresión lo atrapa.

Su historia está narrada en 1 Reyes a partir del capítulo 17. En el capítulo 19 se nos dice que, en el momento de la crisis, Elías tomó algunas decisiones poco maduras (algo raro en su vida)...

«Elías se asustó y huyó para ponerse a salvo. Cuando llegó a Berseba de Judá, dejó allí a su criado y caminó todo un día por el desierto...» 1 Reyes 19.3-4

Observemos que en primer lugar se paraliza, y parece olvidar todas las cosas que Dios había hecho por él. ¡Una amenaza de una mujer es suficiente para tirarlo al suelo! Luego de esto se enfocó en su problema, tomó decisiones sin consultar a Dios, y finalmente se aisló, dejando a su criado aparte. Todas estas son acciones previas de una persona que está entrando en la depresión... El autor de Reyes nos dice a continuación:

> *«...y caminó todo un día por el desierto. Llegó adonde había un arbusto, y se sentó a su sombra con ganas de morirse. «¡Estoy harto, Señor! —protestó—. Quítame la vida, pues no soy mejor que mis antepasados.» Luego se acostó debajo del arbusto y se quedó dormido...»* 1 Reyes 19.4-5

¿Notas el proceso? Se desenfoca, aparta su mirada de Dios, se asusta, huye y se aísla. Al final de toda esta tensión, ¡explota! Vemos al gran profeta de Dios entrar en un momento de tristeza y llegar a sentir deseos de morir.

Ahora, por un momento, no veamos la historia desde el punto de vista de la persona triste, deprimida o contemplando el morir, sino desde el punto de vista de quien lo levanta. Leemos en el pasaje que, una vez que se quedó dormido, Dios intervino:

> *«El ángel del Señor regresó y, tocándolo, le dijo: 'Levántate y come, porque te espera un largo viaje.'»* 1 Reyes 19.7

¿Cuál es el accionar de Dios? ¿Cómo se relaciona esto con el accionar de la iglesia? ¿Y con el del consejero?

Notemos que hay dos elementos centrales en esta declaración de Dios. El primer elemento es el ánimo que inyecta en la vida de Elías. La palabra *«levántate»* parece sencilla, pero si la miras a la luz de lo que Elías está sintiendo, esta palabra implica algo más que solo ponerse en pie. Es una forma de decir: «¡Ánimo, la crisis pronto pasará, no permitas que algo como esto te tire al suelo, es posible salir adelante!». El ser humano tiende a responder positivamente cuando hay alguien que lo anima. «Levántate» es esa forma de decirle que no está solo. Que aunque es cierto que tiene que atravesar esta prueba, no tendrá que llorar solo.

¿Necesitamos ser doctores en psicología para hacer eso? ¡Desde luego que no! Y creo que, luego de la familia, es la iglesia la que más potencial tiene para animar a las personas de esta manera.

Luego Dios alimentó a Elías y lo hizo caminar un poco más. Su desierto recién terminó 40 días después, pero al final llegó al monte de Dios. Su vida no había acabado. Y Dios jamás lo desechó por su tristeza, ni por su deseo de morir. Dios lo animó, le dio esperanza, y le mostró el camino.

La depresión y el contemplar el suicidio deben ser remitidos a un profesional. Pero como hermanos en la fe hay cosas que sí podemos hacer, como animar y dar esperanza. Si la persona que atiendes es cristiana, no permitas que olvide su identidad en Cristo, y asegúrate de que sepa que no está sola, que hay todo una familia acompañándola. Si la persona que atiendes no es cristiana, preséntale a Jesús. Él puede ayudarla a encontrar propósito en su vida y regalarle ese gozo que solo Él sabe dar.

capítulo 8

Deserción escolar

Palabras de Karen Lacota

Estudios indican que actualmente cerca del 37% de los adolescentes latinoamericanos de entre 15 y 19 años de edad abandonan la escuela a lo largo del ciclo escolar, y que casi el 50% de ellos lo hacen a temprana edad (antes de completar la educación secundaria) en tanto que en varios países la deserción se produce al terminar ese ciclo e iniciar la enseñanza media.[1]

A todos aquellos que trabajamos con las nuevas generaciones, estos datos estadísticos debieran preocuparnos o, al menos, ocuparnos. Deberíamos pensar cómo podemos contribuir, desde nuestras posiciones de influencia, a alentar y proveer el acompañamiento necesario a los adolescentes que se encuentran en situación de riesgo de abandono escolar dentro de nuestro grupo y en la comunidad a la cual pertenece nuestra congregación.

---

1. CEPAL (2002). Panorama social de América Latina, 2001-2002 (LC/G.2183-P/E), Santiago de Chile. Publicación de las Naciones Unidas, octubre 2002.

Para ello necesitamos primeramente identificarlos y conocer su entorno, así como también trabajar con sus padres y otros adultos para concientizarlos sobre los beneficios y las oportunidades que existen para aquellos que concluyen la secundaria.

Pero antes que nada debemos reconocer que este problema es real. Y comprender que, como líderes, debemos contribuir a la prevención e intervención de la deserción escolar, acompañando a nuestros adolescentes a lo largo de esta etapa. Es necesario un compromiso genuino de nuestra parte con el fin de ayudar a nuestros adolescentes a que desarrollen sus habilidades emocionales y cognitivas, crezcan en conocimiento y sabiduría tal como lo hacía Jesús, y alcancen el propósito de Dios para sus vidas.

Existen diversas causas de deserción escolar, voluntarias o forzadas, y varias investigaciones asocian esta problemática con diferentes factores, resaltando los siguientes[2]:

- **Factores personales.** Dos de los principales problemas que propician la deserción escolar son la baja motivación entre los estudiantes y la baja autoestima. También muchos desertan porque no les gusta estudiar, y otro grupo porque reprueban las materias. Otro posible factor de deserción es el embarazo, el cual también afecta al padre para la continuidad de sus estudios. Además, se incluyen en esta categoría los problemas con las drogas y el alcohol.

- **Factores económicos.** Los bajos ingresos económicos en los hogares son uno de los principales motivos para la deserción escolar, ya que impiden que los niños y adolescentes puedan acceder a los recursos necesarios para la escolaridad, o los empujan a trabajar y, por ende, a abandonar la escuela.

---

2. Readalyc.org. (s.d) Causas y Consecuencias de la Deserción Escolar en el Bachillerato: Caso Universidad Autónoma de Sinaloa. Disponible en: http://www.redalyc.org/pdf/461/46132134004.pdf [2014, julio-diciembre]

- **Factores familiares.** Aquí se hace referencia principalmente la falta de apoyo de la familia para que prosigan con sus estudios. Además, la baja escolaridad de los padres influye en el ambiente familiar para no promover la educación de sus hijos.

- **Docentes.** La falta de capacitación de los docentes, las condiciones precarias de trabajo y la enseñanza descontextualizada influyen también para que los estudiantes abandonen la escuela.

- **Otros factores.** En este último apartado se incluyen los aspectos sociales, los estereotipos de género, la desnutrición infantil, la baja asignación presupuestaria del Estado para la educación pública, la falta de materiales académicos y de inmuebles apropiados, los riesgos en la comunidad, como las pandillas, y los problemas asociados a la edad, el nivel cultural y el origen étnico.

Esta situación muchas veces deviene en un círculo vicioso. El bajo nivel educativo le impide a la población alcanzar mayores posibilidades de ingresos económicos, los cuales le permitirían salir de la pobreza y tener la oportunidad de acceder a mejores condiciones de vida, incluyendo una mejor educación.

Además, el abandono escolar se torna un problema social que condena a la población a percibir bajos ingresos y favorece también el desempleo. Los adolescentes que han abandonado la escuela se encuentran realizando trabajos informales, poco remunerados, o temporales, al tiempo que muchos (o la mayoría) de ellos están desempleados, lo cual a su vez genera otros problemas sociales como la delincuencia.

¿Qué podemos hacer entonces, como líderes, ante una situación tan compleja? ¡No te desanimes! Hay determinadas acciones concretas que puedes realizar desde tu posición como líder o consejero, a fin de alentar a tus adolescentes y jóvenes a la finalización de la secundaria y la continuidad de los estudios a nivel universitario. He aquí algunas ideas...

- **Trabaja en fortalecer la autoestima del adolescente.** Los logros y los fracasos personales, las palabras negativas o de afirmación, las comparaciones con otros y los modelos que tenga a su alrededor, todos estos factores contribuyen a la formación de la autoestima del adolescente. Por lo tanto, debes trabajar en resaltar sus habilidades, en reconocer sus puntos fuertes, en afirmarlo con palabras de elogio y reconocimiento, en enseñarle a lidiar con el fracaso, y principalmente en fortalecer su identidad como Hijo de Dios.

- Ante el fracaso escolar, **dialoga con los padres para animarlos a acompañar a sus hijos, alentarlos y afrontar el problema juntos.** También muéstrale al adolescente tu apoyo. Podrías ofrecerle ayuda o guiarlo hacia alguien que puede darle unas clases de refuerzo académico.

- **Ayúdale a establecer metas a corto plazo.** Las metas deben ser realistas y alcanzables para el adolescente. Deben ser objetivos que pueda conseguir, para ir de a poco aumentando sus expectativas de lo que puede lograr. Una vez que alcance cada objetivo es importante celebrarlo, así comienza a asociar el esfuerzo con el triunfo.

- **Refuerza verbalmente sus conductas positivas.** Dile frases como: «¡Lo hiciste bien!», «¡Sabía que lo lograrías!», o «Eres muy bueno con...». Las palabras de refuerzo dan aliento y afianzan la confianza en sí mismo. También puedes pensar en otras clases de refuerzos, como invitarle a tomar un helado, regalarle un libro, etc.

- **Ponte en su lugar y anímalo a enfrentar los fracasos.** Comparte con el adolescente algunas de tus experiencias personales de fracaso y cómo les hiciste frente. Pide también a otros jóvenes o adultos que compartan las suyas.

Escuchar esto alentará al adolescente a seguir adelante, y a entender que, al igual que él, otros también han pasado por situaciones difíciles y han superado sus limitaciones. Además, será importante para él saber que tú lo entiendes y sabes cómo se siente.

- **Muéstrale la realidad.** Generalmente los adolescentes no dimensionan las consecuencias y el impacto de sus decisiones. Por eso será importante que les des ejemplos de personas que abandonaron sus estudios y que luego se han arrepentido de haberlo hecho. Muéstrales también las oportunidades que tienen aquellos que prosiguieron obteniendo títulos universitarios.

- En caso de que el adolescente decida abandonarlos o esté imposibilitado de seguir con sus estudios secundarios, **ayúdale a encontrar otras alternativas de estudio**, tales como cursos acelerados (para que pueda más adelante iniciar una carrera universitaria si lo desea), o capacitaciones en algún oficio que le permitan trabajar en algún rubro como electricidad, plomería, informática, mecánica, peluquería, etc.

Por otro lado, procura ganarte la confianza y el respeto del vecindario, barrio o ciudad de tu congregación. Una buena forma de hacer esto es propiciar dentro de la iglesia espacios de aprendizaje abiertos a la comunidad. Puedes comenzar identificando los talentos y habilidades que poseen los jóvenes y adultos de tu iglesia, e invitarlos a que de manera voluntaria los pongan al servicio de la comunidad. Por ejemplo, la iglesia podría invitar a los adolescentes del barrio a clases gratuitas de guitarra, a una escuela de fútbol, o a un curso de enseñanza de inglés básico. ¡La iglesia y la comunidad juntas pueden hacer mucho por lograr un cambio positivo en las vidas de tus adolescentes!

Palabras de Adrián Intrieri

La deserción escolar es uno de los problemas más difíciles de erradicar en una comunidad, ya que es una sumatoria de variables muy complejas que van desde aspectos familiares y personales, hasta sociales y económicos. No es nada fácil para el consejero poder encontrar una manera efectiva de acompañar a aquellos adolescentes que se encuentran en riesgo de abandonar su formación académica. Por otra parte, y aunque las cifras tienden a aumentar en los sectores sociales más humildes, la deserción escolar no es exclusiva de algunos estratos económicos. Simplemente en cada clase social produce variables distintivas.

En las clases sociales más bajas, los aspectos económicos y familiares son los que generalmente predominan, a diferencia de las clases sociales más altas, en las que predominan los factores personales y emocionales.

Cuando las causas son económicas

Cuando nos enfrentamos con casos de adolescentes de bajos recursos que han decidido abandonar sus estudios por causas que dependen específicamente de factores económicos, la tarea del liderazgo y la consejería debería consistir en acompañar lejos del discurso y cerca de la acción. Por ejemplo, el fomentar un sistema de «padrinos» que inviertan en los estudios de los adolescentes puede ser una manera de mostrar con acciones concretas nuestra fe y nuestro interés por estos chicos.

Por otra parte, aunque el crear programas de sostén económico puede ser de gran ayuda, nuestro plan de acción no puede descansar exclusivamente en eso, ya que tarde o temprano se hará presente la variable familiar...

Cuando las causas son familiares

La tarea que deberá encarar el consejero frente a la aparición de la variable familiar es una tarea socioeducativa. ¿Qué significa esto? Que se deberá enseñar a las familias acerca de la importancia de invertir en el futuro aun por sobre las necesidades presentes. La posibilidad de que sus hijos reciban educación enfrentará a las familias con la disyuntiva de decidir «entre lo urgente y lo importante», y debemos ayudar a que esa decisión sea lo más sabia posible.

En nuestros países, la situación económica suele ser extrema en gran parte de la sociedad. Cuando no se tiene qué comer, obviamente el futuro, la educación y el progreso pasan a ser ideales lejanos. La mayoría de los adolescentes de familias que se encuentran en esta situación dejan de estudiar para trabajar. En estos casos, el accionar del consejero debe ser sensible a la situación y comprenderla. Pero debemos de todos modos intentar guiar a los padres a que puedan pensar en la educación como una herramienta para modificar esta realidad en el futuro.

Para esto será imprescindible tener tiempos de conversación con los padres. Debemos transmitirles la idea de que, si bien la inversión en la formación no asegurará el progreso, el abandonarla cerrará las posibilidades de cambio y aumentará las probabilidades de seguir en una situación de exclusión social.

Cuando las causas son físicas

También podemos encontrarnos con distintas causas físicas del abandono escolar, sin ser específicas de ningún estrato social. Los problemas en la visión, la audición, y los trastornos de atención, por nombrar unos pocos, pueden generar complicaciones para estudiar, y llevar entonces al desánimo y al abandono. Para esto, uno de los mejores consejos es recomendarles a nuestros adolescentes realizarse chequeos médicos periódicos. Puedes averiguar si en tu comunidad hay organizaciones que los ofrezcan de manera gratuita para aquellos chicos que lo necesiten.

Cuando las causas son personales o emocionales

Si bien mencionamos recién que este tipo de causas de deserción escolar se da mayormente en estratos sociales acomodados, pueden presentarse en cualquier situación económica.

Muchas veces observamos adolescentes que viven en un contexto de exigencias desmedidas por parte de sus padres. Cuando un adolescente siente que no puede cumplir con tantas exigencias, aparece el desanimo, y al mismo tiempo el desinterés como un medio de autoprotección. Sencillamente el adolescente decide que es preferible no interesarse por nada y abandonar todo aquello que lo haga sentir fracasado...

También nos encontraremos en ocasiones con padres que creen que la mejor estrategia es el enfrentamiento emocional. Son padres que, para que sus hijos reaccionen, los hieren o lastiman verbalmente. ¡Este nunca ha sido un camino saludable! Es tarea del consejero de adolescentes que detecte contextos exigentes y de violencia verbal como estrategia, el sostenerlos y promover una valoración sana.

Debemos ser conscientes de que estas situaciones lastiman profundamente la autoestima del adolescente. Y, además, lo único que logran es perpetuar el problema. Si un adolescente se siente desanimado en sus estudios, no hay peor cosa que el que su propio padre o madre le diga que no va a conseguir nada en la vida y que será un fracasado. Solo se producirá el efecto contrario: se afirmarán las sensaciones de desvalimiento e incapacidad. Por el contrario, las palabras amables y positivas son la mejor estrategia en esta situación.

Recuerda que para acercarse a un adolescente con causas personales o emocionales de deserción escolar, hay que trabajar simultáneamente con la ansiedad de los padres, que seguramente están desesperados frente a la inacción o el abandono de sus hijos. Nuestra tarea conjunta deberá ser la de reconstruir la imagen distorsionada que tiene el adolescente de sí mismo. Para ello necesitaremos acordar con los padres que se suspendan todo tipo de exigencias y agresiones, con el objetivo primordial de ayudar al adolescente a sanarse.

Otro de los problemas al que podemos enfrentarnos es el de un ambiente familiar estable y sin exigencias ni agresiones, pero con un adolescente que siente un gran temor al fracaso, o a la mirada del otro, frente a la cual se siente inferior. Estos son los casos de adolescentes tímidos, introvertidos, y que no arriesgan nada por temor a perder. Aquí la acción del consejero debe ser de sostén. Estos adolescentes necesitan que alguien esté allí para acompañarlos e intentar lograrlo juntos. Durante el proceso, no se debe hacer hincapié en lo que falta o en lo que no salió bien, sino en los logros, en los pequeños detalles que se vayan alcanzando. Debemos ayudar al adolescente a no fijar la mirada en lo que falta, sino en lo que sí se logró. A no fijarla en lo que no puede llegar a ser, sino en lo maravilloso que ya es.

Palabras de Esteban Obando

La Iglesia, la bendita Iglesia de Dios... La Iglesia es un lugar extraño. Si se maneja adecuadamente, es una institución que sirve, ayuda y apoya a los demás. Después de la familia, no existe otro lugar tan cercano y con intenciones tan buenas como la Iglesia para dar contención a los problemas de los chicos. Y en la cuestión del abandono escolar, no es la excepción.

Aunque también debemos reconocer que hace muchos años llegó a predicarse desde algunos púlpitos que ya no era necesario estudiar, porque Jesucristo venía pronto. (¡¿No lo sabías?!) Además, se consideraba a la educación teológica como algo noble, y a ciertas ramas de la educación «secular» (no sé si realmente exista tal cosa) como algo menos noble. Gracias a Dios hoy hemos superado todo esto.

Ahora bien, si piensas en lo que hablamos anteriormente sobre el desarrollo evolutivo del adolescente, seguramente recordarás que una de las áreas en las que el joven se está desarrollando es el área intelectual. Esto (en términos muy simples) quiere decir que Dios les ha dado a ellos la capacidad de pensar distinto de como lo hacían cuando eran niños. Su cerebro hace preguntas que antes no hacía, y ahora están capacitados para ir más profundo en sus pensamientos, criterios y conocimientos.

Así que, desde este punto de vista, la escuela no es solo un asunto de «poder ganarse la vida». No es solo un medio para obtener un buen empleo y hacer dinero y poder casarse y comprar una casa. La educación es una forma de culto a Dios. Es honrar ese regalo que Él nos hizo cuando nos dio un cerebro tan complejo y con tantas capacidades. Estudiar es muy espiritual. Es honrar la capacidad de aprender que Dios nos dio.

Y es que incluso el conocer a Dios es un ejercicio académico. Implica ir a su Palabra e investigar, para finalmente dar paso a la parte de verdadera experiencia. Y a pesar de que mucho conocimiento sin espiritualidad es peligroso, mucha espiritualidad sin conocimiento también lo es. Es la iglesia entonces la que debe servir como plataforma para gritarles a los adolescentes: «¡Estudien! ¡Les va a hacer bien!»

¿Escuchaste alguna vez a un adolescente quejarse por las materias que recibe en la secundaria? Algunos se quejan airadamente de las matemáticas o las ciencias... porque, a fin de cuentas, «no volverán a ver estas materias en el futuro», ya que su línea de estudio será otra. Evidentemente esta es una expresión juvenil inmadura. En tus consejerías, recuérdales que cada cosa que aprendan fortalece diferentes partes del cerebro que les ayudarán a pensar distinto y a ver las cosas de un modo que las personas sin estudio no miran. Y todo contribuirá a formar en ellos una visión más compleja del mundo, la cual les permitirá enfrentarlo con mayor facilidad. Así sean artes plásticas o música, todo contribuye a la educación integral de un adolescente. Y creo firmemente que esto debería de reforzarse desde la consejería juvenil.

Recuérdales también que muchos de los grandes e influyentes hombres y mujeres de Dios fueron personas estudiadas. Karen mencionó a Jesucristo y su crecimiento, incluso en los estudios. Y Josué 1.9 no es solo un asunto de batallas espirituales. *«Esfuérzate y sé valiente»* se aplica al estudio también. Debemos esforzarnos en todas las cosas que hacemos, aun en las que no parezcan tan «espirituales».

El apóstol Pablo, por su parte, nos ofrece en Filipenses 3 todo un *curriculum vitae* de lo que él era. ¡Estamos hablando de un hombre que escribió 13 libros de la Biblia! Él era un hombre educado, un hombre que podía hacer frente a eruditos griegos en el areópago porque tenía un trasfondo de educación superior.

Y qué decir de Moisés, que fue educado en las cortes, en el equivalente a las mejores universidades del mundo de su época. No fue a cualquiera que Dios eligió, fue a Moisés. Y no quiero decir con esto que quienes no estudian no son contemplados por Dios para su trabajo. Lo que estoy diciendo es que Dios honra la educación y usa a quien se prepara.

Recuérdales además a tus adolescentes estos tres elementos que son importantes en el tema de la educación (y en la prevención del abandono):

1. Los estudios requieren esfuerzo, sí. Pero es la *perseverancia* la que les da a los estudiantes ese sabor a miel al final de su esfuerzo. Es el mismo Pablo quien nos recuerda esto:

   «No nos cansemos de hacer el bien, porque a su debido tiempo cosecharemos si no nos damos por vencidos». (Gálatas 6.9)

   No podemos confrontar el abandono escolar con el argumento de: «¡Ánimo, esto es fácil!», porque ¡no lo es! Se requiere esfuerzo, perseverancia y compromiso. Pero podemos prometerles a los adolescentes que verán los frutos... ¡sí que los verán!

2. Los estudios son una muestra de adoración a Dios. Pablo nos recuerda:

   «Hagan lo que hagan, trabajen de buena gana, como para el Señor y no como para nadie en este mundo...» (Colosenses 3.23)

   Cualquier cosa que hacemos, la hacemos para el Señor. He visto a muchos jóvenes con un deseo honesto y genuino por seguir a Dios y por amarle incondicionalmente, pero que no quieren pagar el precio en esta área. ¡Anímales a que esto también es honrar a Dios! Si hay honestidad en sus corazones, es posible que esto los anime. Muchos de ellos nunca vieron sus estudios como una forma de alabanza a Dios. ¡Encárgate de que sepan que sí lo es!

3. Los estudios son una herramienta de servicio. Enfoca a tus adolescentes en este sentido. Típicamente el estudio es algo que hago «para mí». Para mi bienestar. Para satisfacer mis necesidades y comprar mis cosas. Para que mi familia esté mejor. Sin embargo, hay mucho altruismo

> entre los adolescentes. Ellos suelen preocuparse por los demás. ¡Aprovecha esto!
>
> Efesios 4.28 dice que *«El que robaba, que no robe más, sino que trabaje honradamente con las manos para tener qué compartir con los necesitados.»*
>
> Una persona instruida puede estar en mejores condiciones de ayudar a otros, ya sea con el dinero que gana, o directamente con su profesión. Si nuestros adolescentes están bien enfocados, sabiendo que es difícil, pero que honra a Dios, y que además puede servir para ayudar a los demás, entonces será más fácil que no se den por vencidos, que se esfuercen y prosigan con sus estudios. Y si además los estudios se convierten en una herramienta ministerial, y ellos entienden que es algo que hacen *para Dios*, entonces tanto más motivados estarán.

¡Qué maravillosa oportunidad es la que tenemos de aprender! Tenemos que animar constantemente a nuestros adolescentes a seguir desarrollándose tanto en su parte espiritual como en la académica. Oremos por ellos sin cesar, y hagamos todo cuanto esté a nuestro alcance para que no abandonen sus estudios. Que puedan decir al final de su juventud: «¡Soy una persona útil y puedo hacer grandes cosas para Dios y para la sociedad!»

capítulo 9

Pornografía y masturbación

Palabras de Karen Lacota

Es sabido que hay una gran cantidad de padres que permiten que sus hijos adolescentes utilicen la computadora en áreas privadas de la casa, tales como el dormitorio o un escritorio apartado. La mayoría de estos padres no tienen programas de software para controlar los sitios que visitan sus hijos o para saber con quiénes interactúan estos en la red. Y esto sin contar el acceso ilimitado a internet a través de los celulares, sin que exista ningún tipo de supervisión por parte de los padres.

Tal es el caso de Joel, un adolescente que comenzó a mirar pornografía en el celular a los 10 años de edad. Al cumplir los 13 años ya conocía cientos de páginas pornográficas en la red, y se masturbaba todos los días de la semana durante la noche, cuando sus padres ya se habían ido a dormir. Afortunadamente, a los 15 años se acercó a un consejero de la iglesia para pedir ayuda, pues reconocía que había perdido el control y que necesitaba ayuda para dejar estas conductas... Su caso podría haber terminado mucho peor.

En su libro «Consejería Bíblica» (tomo 3), Chap Clark y Tim Clinton explican que «*la pornografía y la masturbación se dan juntas con frecuencia. Según los expertos existe un fuerte vínculo entre ellas y la fantasía, y que quienes se masturban utilizando imágenes o elementos pornográficos caen en la adicción al sexo. Por su misma naturaleza, la pornografía degrada a la gente y la convierte en objetos para satisfacer el placer de otros. Si se permite convertir a alguien en objeto regularmente para obtener alivio sexual, costará trabajo tratar a los demás con respeto e interés.*»

Durante una capacitación internacional de liderazgo, el reconocido autor y líder Josh McDowell se refirió a los resultados de un estudio que había realizado sobre el aumento de los sitios web de pornografía, aumento que presentaba una escala exponencial desde 1998 hasta la fecha. ¡Y todo a un clic de distancia! Mencionó que tomaría miles de horas el ver todos los sitios web pornográficos que existen. En otras palabras, ¡hay mucha pornografía allá afuera!

Uno de los principales problemas de la pornografía es la depresión a la que conduce, sumada a los serios problemas que ocasiona en la conducta sexual. Esto es porque no solo se necesita cada vez más, sino que se necesita «diferente» para mantener los niveles de dopamina en el cerebro. Una persona podría, por ejemplo, pasar de la pornografía heterosexual al lesbianismo y la homosexualidad, y luego a la bestialidad, hasta llegar a la peor de todas, la pornografía infantil. Tristemente, además, a esto le siguen otros efectos: la desensibilización (con el correr del tiempo las conductas comienzan a verse como aceptables) y la actuación (se tiende a imitar las conductas aprendidas).

Todo esto sin contar el problema de la masturbación compulsiva que está relacionada al consumo excesivo de pornografía, la cual puede provocar alteraciones sexuales, como la eyaculación precoz, y alteraciones en el sueño, ya que por lo general los adolescentes que han sido presa de esta adicción permanecen despiertos consumiendo material pornográfico a la noche, lo cual afecta también su rendimiento académico y su relacionamiento interpersonal, puesto que tienden a aislarse de los demás. Pronto, el adolescente que lidia con la pornografía no encuentra otra actividad de la cual disfrutar, a la vez que experimenta un gran sentido de culpabilidad, ansiedad e irritabilidad cuando por alguna razón se ve obligado a pasar horas o días sin consumirla.

Como verás, este es un tema complejo que, como educadores y consejeros, debemos trabajar estratégicamente desde la edad más corta posible. En las iglesias, dentro de nuestro plan estratégico de formación de niños y adolescentes, debemos contemplar programas que fomenten la educación correcta sobre la sexualidad, y la prevención de adicción a la pornografía.

Y si bien es cierto que ante la adicción es recomendable una intervención profesional, existen algunas acciones que puedes recomendarles a tus adolescentes durante el proceso, para ayudarlos a ser libres de la pornografía:

Guíalos a tener una relación íntima con Dios.

Cuando los adolescentes tienen un encuentro personal con Jesús, son fortalecidos por el Espíritu Santo, tal como dijo Pablo: «*...porque cuando soy débil, entonces soy fuerte*» (2 Corintios 12.10). Solo Él puede darles la libertad que necesitan. Por lo tanto, enséñales a tener un devocional diario, a orar todos los días, y a leer la Biblia, para que sean «*transformados mediante la renovación de su mente*» (Romanos 12.2). Aliéntalos a aprenderse versículos que hablen sobre la aceptación y el amor de Dios. Háblales del deseo de Dios de tener una relación personal con ellos, y de cómo el pecado inhibe nuestra capacidad de acercarnos a Él.

Anímalos a realizar ejercicios físicos.

La actividad física es recomendada para tratar cualquier adicción, y en especial la pornografía, porque ayuda con el estrés y contribuye a la distracción de todo aquello que los conduce hacia la adicción, redireccionando la energía y el pensamiento hacia actividades que fomentan el bienestar emocional y la salud física. Sugiéreles actividades como salir a caminar, correr, o practicar algún deporte.

Ayúdalos a desarrollar un sistema de salvaguarda.

Cambiar un hábito requiere tomar medidas prácticas para adquirir nuevas conductas. Por ejemplo, puedes sugerirles eliminar las fuentes de acceso a pornografía, tener cuidado especial con los contenidos de las películas, los libros y cualquier otro material audiovisual, tener cuidado con las conversaciones entre amigos, ajustar el horario de sueño, dejar las puertas de la habitación abiertas, rendirle cuentas a alguna persona de confianza, y formar un grupo de amigos con la misma fe en Jesús para que pueden acompañarlos y alentarlos, involucrándolos a actividades de recreación y espirituales, tales como un grupo de discipulado, de estudio bíblico, o de oración.

Oriéntalos hacia nuevos intereses.

Las adicciones alejan a las personas de sus intereses y limitan la adquisición de otros nuevos, porque las mantienen ocupadas la mayor parte de su tiempo. Hazle a tus adolescentes preguntas sobre las actividades o cosas que les agradaba realizar antes de caer en la adicción a la pornografía. Aliéntalos a que se involucren dentro del grupo de jóvenes de la iglesia, a que realicen servicios comunitarios en su tiempo libre, a que tomen clases de algún instrumento musical, baile, canto o pintura, o a que practiquen algún deporte.

Realiza una intervención.

Cuando ya hayas llevado adelante varios intentos de ayudar al adolescente a salirse del estado de riesgo sin resultados exitosos, es oportuno que inicies un periodo de intervención en el que familiares y personas referentes lo confronten para establecer un plan de modo que reciba el tratamiento adecuado. Para ello, involucra a los padres y a alguna persona importante para el adolescente dentro de su escuela, como un docente o un consejero escolar, para que él pueda recibir un acompañamiento cercano dentro de su entorno. En casa, los padres pueden supervisar sus horas de estudio y de descanso, y sus hábitos. También pueden brindarle apoyo y afecto, los cuales serán fundamentales para que se sienta contenido. En la escuela, pueden animarlo a que participe en actividades extracurriculares, o realice trabajos de voluntariado, o reciba apoyo si presenta bajo rendimiento académico, y pueden proporcionarle también consejería psicológica. Además, pueden involucrarlo más en algún área, dándole responsabilidades especiales, para así ocupar su mente y su tiempo en cosas productivas.

Para ayudar a todos los adolescentes en tu grupo, pon énfasis en el plan de Dios para cada vida, en su voluntad de que disfrutemos el sexo dentro del matrimonio, y en la importancia de guardar la mente, el corazón y el cuerpo. Además, trabaja en la prevención, y en ofrecerles las herramientas necesarias para identificar el peligro. Y, por supuesto, a aquellos que se encuentran envueltos en este dilema, ofréceles sostén emocional y anímalos a buscar la ayuda que necesiten.

Palabras de Adrián Intrieri

El número de personas que consumen pornografía es cada vez mayor. En algunos círculos de adolescentes, incluso, se ve como extraño que alguno decida *no* ver pornografía. Esto provoca que muchos adolescentes se conviertan en adictos a la pornografía simplemente por la presión del grupo o por una necesidad de pertenencia. Por eso, desde el liderazgo, enseñarles a los adolescentes que obedecer a Dios tiene un costo, pero que vale la pena pagarlo, es lo más saludable y sabio que podemos hacer.

A diferencia de otras epidemias, la pornografía crece de manera silenciosa y oculta. Y no hace acepción de sexo: tanto hombres como mujeres consumen y generan pornografía.

Uno de los errores que tradicionalmente han cometido los consejeros es tratar de enfrentarla con argumentos morales y no funcionales. Se les ha enseñado a los jóvenes que «la pornografía es mala» sin capacitarlos para enfrentarla. El problema está en que si nuestro argumento es simplemente que «es mala», no llegaremos a comprender que el problema radica en lo que la pornografía genera en la mente de los adolescentes. ¡Su mayor problema es que distorsiona los pensamientos, creando todo tipo de conductas de descarga que se vuelven compulsivas!

A ver, expliquemos mejor esto. Quienes producen pornografía te presentan un producto que parece deseable, pero entre líneas te lanzan también una serie de mentiras peligrosas. Un ejemplo es que, tanto en los hombres como en las mujeres, la cuestión está centrada en el cuerpo, con una mirada extremadamente egoísta. De ahí que se instalen en la mente de quien consume pornografía ciertas conductas que tienen que ver con convertir en objetos a los hombres y las mujeres. Cuando me refiero aquí a objeto, quiero decir que las demás personas se vuelven objetos que se espera que brinden satisfacción sin importar las consecuencias.

Otra mentira es la cuestión de la duración de las relaciones sexuales, ya que la pornografía hace parecer que lo ideal es que el tiempo sea interminable. Estas mentiras y otros muchos engaños promueven comparaciones y producen fuertes sentimientos de inferioridad en las personas que consumen pornografía. Las mentiras de la pornografía denigran a la mujer y humillan al hombre. El problema es que si no las reconoces, y en cambio las aceptas, ¡ellas distorsionan tu comprensión de la sexualidad! El sexo no es como la pornografía dice que es. Dios diseñó la relación sexual no solamente con el fin de la procreación, sino también con el fin de proveer placer en el matrimonio. Pero la pornografía empobrece y enferma, tornándose con el tiempo ingobernable e invadiendo progresivamente todos los momentos de la vida de quien la consume.

Algunas ideas prácticas que puedes darle a un adolescente para ganarle a la pornografía, son:

1. Reconoce que algo está sucediendo

No se puede enfrentar algo si no reconocemos su existencia. Es en esta etapa de la vida donde los adolescentes necesitan ser enseñados de manera correcta sobre lo que les conviene y lo que no. Capacitar a los adolescentes para que sean buenos administradores de su sexualidad es sumamente necesario. Como líder, intenta crear espacios de diálogo y capacitación, donde además de enseñarles los escuches y puedan compartirte lo que creen, sienten y viven. Recuerda que esta generación no acepta fácilmente directivas si las perciben como autoritarias. Por ello, lo mejor que podemos hacer como consejeros es ayudarlos a que ellos mismos aprendan sobre el tema y descubran lo que les conviene hacer. No les prohíbas. Mejor escúchalos y dirígelos a tomar las mejores decisiones.

2. Confiesa a Dios tu pecado

El mensaje de todo consejero para un adolescente debe ser siempre que Dios es su padre celestial y Jesús su amigo y salvador, y que siempre pueden ir a ellos y compartir lo que les sucede. Que sepan que pueden confiar en ese Padre y ese Amigo, y confesarles también cuando han desobedecido.

3. Limita tus acciones

Debemos guiar a los adolescentes a que reconozcan que hay determinadas acciones o conductas que deben modificar, sobre todo aquellas que los exponen a caer fácilmente. A veces es necesario que decidan lo que van a hacer para no exponerse, o que se fijen ciertas reglas que desean cumplir a fin de no caer.

4. Debilita el poder de la pornografía

El poder de la adicción es justamente el de pasar a ocupar el primer lugar. Sugiérele al adolescente que está en este problema que descubra y desarrolle otras actividades que enriquezcan su vida. Enséñales a tus adolescentes a ser proactivos y no reactivos. Explícales que deben tomar las decisiones *antes* de estar frente al material pornográfico, y no después. Y asegúrales que, si se deciden a obedecer, tienen la oportunidad de buscar la protección de Dios, obedeciendo sus consejos y mandatos, para ser libres de la pornografía de una vez y para siempre.

Palabras de Esteban Obando

El tema de la sexualidad, la pornografía y masturbación en la adolescencia no debe tomarnos desprevenidos como si fuera algo raro. Hoy en día es considerado como «normal» para el adolescente. Con esto no quiero decir que debamos estar de acuerdo ni que lo aprobemos. Pero simplemente no podemos ser ciegos a la realidad de nuestros chicos y chicas.

Hoy en día vivimos en medio de una sociedad mediatizada y sobreestimulada hacia el sexo y el erotismo. Cada vez más se toman como aceptables *–y aun recomendadas–* estas prácticas dentro de la vida cotidiana de los adolescentes. En este contexto, es mucho más fácil para tus chicos y chicas dejarse llevar por la inmensa influencia que les empuja hacia una práctica desordenada de su sexualidad, que seguir los preceptos de Dios. Una vez más, ahí entras tú...

¿Entonces? ¿Está mal?

Algunos dicen que ver pornografía es sano y hasta necesario, y que de esta forma el joven no andará en prácticas sexuales a edades tempranas. Sin embargo, el pensar más «moderno» y generalizado al respecto es el que apunta al hedonismo («¿Se siente bien? ¡Hazlo entonces! ¡Y no permitas que la religión te haga sentir culpable!»)

¿Cuál es la posición de la iglesia ante esto? Lamentablemente, muchas veces la iglesia se limita a decir: «Es pecado, y punto». O: «Es pecado porque la Biblia lo dice». Lo que sucede es que ninguna de estas explicaciones tiene validez para la mente de un adolescente. Primero, porque ellos necesitan argumentos. No podemos simplemente decirles que algo está mal y esperar que lo acepten sin pedir explicaciones. Y segundo, porque la Biblia... realmente no lo dice. Se hace necesario, entonces, que vayamos más profundo y busquemos los principios y argumentos que de verdad protejan a tus chicos. ¡Ellos deben entrar a esta batalla completamente convencidos que esto es algo dañino para sus vidas!

Es muy sencillo que tus chicos entiendan el peligro de la pornografía si tan solo les preguntas: ¿Qué genera en ti la pornografía? ¿Cosas buenas? ¿Pensamientos que edifican? Haz estas preguntas y escucha sus respuestas. Y por favor, no argumentes nunca que el estimular los órganos genitales al punto de la excitación es pecado, porque NO LO ES. Lo pecaminoso es lo que sucedió en tu mente para que llegaras a ese punto. He hablado con cientos de chicos, y aún no encontré uno solo que me diga con sinceridad que puede masturbarse sin tener pensamientos indebidos. El problema está entonces, no en el acto de estimular sus genitales, sino en que quien se masturba necesita algún estimulante que le ayude a alcanzar un orgasmo. Y si este estimulante proviene de una idea, un pensamiento o una fantasía sexual «ilícita» o aberrante, ¡entonces sí es algo contraproducente!

Además, la masturbación puede llegar a ser un sustituto para las relaciones saludables con otras personas. Algunos adolescentes cometen el error de elegir la masturbación como una manera malsana para tratar con su soledad, depresión, o frustración. Ellos se vuelven a la masturbación como un sustituto emocional para sus problemas, y en estos casos evidentemente hay que tratar también la raíz que los hizo llegar hasta allí.

El proceso nocivo

Si tus chicos tan solo miraran pornografía sin que nada sucediera en sus mentes, la situación sería muy distinta. Sin embargo, la historia y la experiencia nos dicen que esto es imposible. Y nos hablan de algo llamado adicción.

La adicción es muy sutil, y atrapa a la persona poco a poco. Usualmente la vemos actuar en cuatro fases. Si me permites, quisiera llevarte a la vida de Sansón para mostrarte estas cuatro etapas. (Si bien Sansón no miraba revistas ni películas pornográficas, se vio tentado exactamente en lo mismo que se ve tentado un joven con la pornografía...)

Este hombre tan fuerte tenía, sin embargo, una gran debilidad: las mujeres. Te animo a que leas su historia en Jueces capítulos 13 al 16, y luego analices conmigo la progresión de Sansón:

Paso 1: Observacion «inocente»

A Sansón se le tenía prohibido unirse con una mujer que no fuera israelita. Aun así, sabiendo esto y bajo su voto de nazareno, él decide ir, muy «inocentemente», a ver a las filisteas. En Jueces 14.1 se nos dice que fue a un lugar prohibido y allí miró. Esto, evidentemente, produjo algo en su mente y en su corazón: DESEO. (Es por eso que uno de mis héroes, José, ni siquiera permitió que la tentación entrara en su corazón, sino que huyó, como leemos en Génesis 39.7-12).

Cuando se encuentran en esta fase, algunos de los pensamientos de los adolescentes suelen ser:

- *«No estoy lastimando a nadie con mirar.»*
- *«Sé lo que hago. No me va a pasar nada.»*
- *«Tengo todo bajo control. Puedo detenerme cuando yo lo decida.»*

No quiero caer en lo exagerado, pero esto empieza simplemente mirando mujeres bonitas, coleccionando sus fotografías en la computadora o en posters, y mirándolas con mucha regularidad. Todo natural, sí... Solo que más adelante pueden cobrártela muy caro.

Paso 2: Experiencia «inocente»

En esta etapa, el deseo se ha convertido en realidad. La vida sexual de Sansón se convirtió en un pasatiempo del cual difícilmente podría salir. Sansón se metió tanto en este mundo que ya no veía la diferencia entre una cosa y otra. En Jueces 14 lo vemos casándose con la mujer, y compartiendo con ella y sus amigos (algo que estaba totalmente prohibido para él). Cuando nuestros chicos están en esta fase, saben que están haciendo algo que no es debido, pero creen que no lastiman a nadie y que «tampoco es para tanto».

Esta etapa se caracteriza por el coqueteo o flirteo que se da con el pecado. Sin embargo, la Biblia nos aclara que debemos huirle, no al pecado, sino a la pasión que nos lleva a ese pecado (2 Timoteo 2.22). Tus chicos aún no entienden esto y es necesario que tú sí lo entiendas. Esta fase es emocionante, ya que damos espacio a que un poco a poco la lujuria entre en nuestra cabeza. Y, aceptémoslo... la lujuria *es* emocionante. Esta etapa puede incluir acciones tan «inocentes» como ver desfiles de vestidos de baño o ropa interior, o películas con cierto erotismo, o navegar por la Internet durante horas... pero sin «caer» aún en el pecado. La masturbación, si bien durante esta fase no es todavía una adicción, se practica de vez en cuando.

Es muy sencillo para un adolescente convencerse a sí mismo de que estos rituales son inofensivos. Pero lo cierto es que, una vez que inicias un ritual, tarde o temprano cederás ante el impulso sexual. Haz que tus adolescentes sepan el peligro que están corriendo.

Paso 3: Conciencia silenciada

Sansón ya venía caminando por un camino peligroso, pero durante esta etapa sus deseos se hicieron más oscuros y peligrosos todavía. En el Jueces 16.1 se nos dice que simplemente vio a una prostituta y la contrató. Ignoró cualquier advertencia de sus padres, de su contexto y de su conciencia. ¡Así de ciego estaba! Y es que su lujuria no lo dejaba pensar con claridad. En esta etapa Sansón se encontraba tan preso de sus impulsos en el tema sexual, que movió sus límites a un punto de no retorno.

Los adolescentes que se encuentran en esta etapa ya practican la masturbación regularmente como una forma de vida. Recuerda que tanto la masturbación como la pornografía no son fines en sí mismos. Son medios para alcanzar placer corporal. La pornografía te lleva a la masturbación, y ella a la búsqueda desordenada de placer. Desafortunadamente, después del placer viene el dolor. Muchos de los chicos que practican esto lo hacen como algo divertido y emocionante, sin advertir el riesgo... Llegará, sin embargo, un momento en el que las cosas se aclaren y deban llorar.

Paso 4: Lamento

Este es el momento en que la persona toca fondo y se encuentra con una realidad dolorosa. Muchas personas les dirán a tus chicos que la masturbacion es algo normal, natural y positivo. Después de todo, ¿cómo algo placentero va a ser malo? Es tu deber aclararles que, como en la vida, no siempre lo placentero es bueno, y no siempre lo bueno es placentero.

Sansón experimentó con muchas mujeres, y fueron ellas quienes terminaron arruinando su vida. Sansón fue un hombre que pudo haber dicho que no, pero que dejó que su lujuria tomara gradualmente control de su vida, hasta que la perdió.

Cuando un adolescente se encuentra en esta etapa, ya sabe que esto se ha convertido en una adicción. El problema es que ya no puede detenerse. Eventualmente querrá más, y empezará a tener sexo fuera del matrimonio. Y lo peor es que pronto se sentirá demasiado sucio e hipócrita como para presentarse ante Dios con sus cargas. ¡Cuidado! Si esta situación no se trata a tiempo y debidamente, puede llegar a un punto en el que a tus adolescentes los invada un sentimiento de frustración y decepción tal que los aleje definitivamente de los caminos de Dios.

¿Y qué dice Dios de todo esto?

Tus jóvenes necesitan saber que, según la Biblia, DIOS ES AMOR (1 Juan 4.8). Así que cuando Dios te dice algo, lo hace por amor. Y cuando te aconseja no hacer algo, lo hace por amor. Y cuando parece que quiere sabotear tu vida sexual, lo hace por amor. ¡Lo que está haciendo en realidad es amándote y protegiéndote!

Entonces, ¿qué dice este Dios de amor en su Palabra acerca de la pornografía?

1. **Las consecuencias empiezan en la mente**

   «Ustedes han oído que se dijo: 'No cometas adulterio', pero yo les digo que cualquiera que mira a una mujer y la codicia ya ha cometido adulterio con ella en el corazón.» (Mateo 5.28)

2. **La pornografía y masturbación no pueden ser la normalidad del cristiano**

   «Entre ustedes ni siquiera debe mencionarse la inmoralidad sexual, ni ninguna clase de impureza o de avaricia, porque eso no es propio del pueblo santo de Dios.» (Efesios 5.3)

3. **La pornografía puede ser adictiva, y puede llegar a controlarte**

   «'Todo me está permitido', pero no todo es para mi bien. 'Todo me está permitido', pero no dejaré que nada me domine.» (1 Corintios 6.12)

Tu trabajo como consejero

Algunos detalles que no puedes dejar de mencionar cuando estés enseñándoles a tus chicos sobre este tema son:

- Cada vez que cedes a la compulsión sexual...
    * tus impulsos sexuales se hacen más fuertes
    * tu anhelo por el riesgo aumenta
    * tu deseo de resistir la compulsión se hace más débil.
- El decir «Prometo no volver a hacerlo» no es suficiente. Necesitas entender que el problema es más grande que tú mismo. Debes reconocer que necesitas ayuda.
- Cuando se cruzan los límites y se establecen algunos nuevos, luego es más sencillo cruzarlos otra vez. Por eso es necesario ser radical y decir: «¡Este límite no lo cruzo, y no importa si parece muy exagerado de mi parte!»

Además, aquí tienes algunos pasos que puedes recomendarle a cualquier adolescente que esté batallando con este problema:

Identifica y evita: No esperes que el problema se solucione por arte de magia. Identifica con papel y lápiz las cosas que te tientan (programas de televisión, teléfonos inteligentes, fotos en Internet, películas de cine). Luego toma la decisión de eliminar estas fuentes de peligro de tu vida.

Si tienes novio o novia, ¡ten mucho cuidado!: No te expongas a situaciones con tu pareja que te aceleren las hormonas. Si tienes claro que no debes ir mas allá con él o ella, es posible que te tientes de evacuar esa tensión sexual con la masturbación.

Actúa: En un momento de sobriedad mental, saca la televisión y la computadora de tu cuarto y ponlos en lugares de acceso público en tu casa. ¡Haz algo! Las cosas no van a cambiar solo porque digas: «Esta vez sí que lo lograré». Si la tentación viene de la Internet, existen programas que te pueden ayudar.

Algunos bloquean los sitios sospechosos, y otros le envían un correo electrónico a alguien que hayas escogido previamente (como por ejemplo, tu líder de la iglesia) cuando accedes a uno de estos sitios. Sea como sea, ¡toma cartas en el asunto!

Siembra en tus hábitos: Sacar las imágenes pornográficas de tu mente no es sencillo. Para lograrlo, debes empezar a llenarla con cosas reales y buenas. El leer la Biblia a diario, el orar y el congregarse son importantes. Practicar deportes, trabajar en proyectos solidarios, y otras actividades por el estilo también pueden ayudar. Además, necesitas rendirle cuentas semanalmente a alguien de lo que estas haciendo y de cómo estás venciendo la tentación. ¡En esta etapa la honestidad es una prioridad!

Pídeles, además, a tus adolescentes que dejen de hacerse promesas de que nunca más caerán en este pecado. Cada vez que tu chico se haga esta promesa y la rompa, se frustrará, y esto entorpecerá el proceso de sanidad.

Y de más está decir que, como líder o consejero, tú debes tomar un compromiso con tu adolescente de orar por él o ella y de pedirle que te rinda cuentas constantemente, para que se sienta acompañado en el proceso.

Trabaja también sobre su autoestima. Satanás utiliza todos estos temas relacionados con el sexo como una de sus principales armas para decirle a tu adolescente que ya no es digno de acercarse al trono de la gracia de Dios. ¡Y con esto logra apartarlo de la única fuente que puede sacarlo de su problema! Por eso, no permitas que Satanás le diga mentiras al oído. ¡Que escuchen de ti las verdades de Dios!

capítulo 10

Divorcio de los padres

Palabras de Esteban Obando

> *«¿No han leído —replicó Jesús— que en el principio el Creador 'los hizo hombre y mujer', y dijo: 'Por eso dejará el hombre a su padre y a su madre, y se unirá a su esposa, y los dos llegarán a ser un solo cuerpo'? Así que ya no son dos, sino uno solo. Por tanto, lo que Dios ha unido, que no lo separe el hombre.»* Mateo 19.4-6

Jesús habló aquí del plan perfecto de Dios para un hombre y una mujer que han decidido unir sus vidas en matrimonio. Su significado y valor es muy profundo, ya que es la representación del pacto de amor que él mismo hizo con su amada, la Iglesia. Este es el modelo perfecto que tenemos para imitar como esposos en el matrimonio. Un pacto de amor sacrificial, que ama por sobre todas las cosas. Jesús nunca traicionaría a su amada, ni la abandonaría, ni le daría la espalda, ni abusaría de ella, ni la manipularía. Él la ama siempre, se sacrifica por ella, le tiene paciencia, la cuida, provee para sus necesidades, la protege y se deleita en ella, a pesar de los años.

Hay una ley escrita en el corazón de los niños y adolescentes. Según esta ley, se supone que mamá y papá se amen por el resto de sus vidas. Los adolescentes desearían ver siempre una estructura unida en sus progenitores. Sin embargo, la realidad muchas veces es distinta a esa...

El proceso del divorcio

Los hijos de padres separados o divorciados están llenos de preguntas en su mente: *«¿Qué pasará conmigo?», «¿Podré ver a mi papá (o mamá) de nuevo?», «¿Me seguirán amando?», «¿Tendré yo la culpa de todo esto?»*, y miles más. Ellos están experimentando emociones complicadas, y a veces contradictorias. Están heridos, se cuestionan, se culpan a sí mismos, o bien culpan a Dios, y desconfían de todo el mundo. Además, en medio de todo este caos de emociones, muchas veces experimentan cambios drásticos: de casa, de colegio, de ciudad, cambios económicos, en sus rutinas, etc. Esto les produce una sensación de inestabilidad que se suma a una situación ya de por sí difícil.

Tengamos en cuenta también que el divorcio es un problema en el que los adolescentes son victimas pasivas. Ellos no tienen parte en las decisiones de sus padres, a pesar de que les van a afectar poderosamente. En momentos como estos, el apoyo, los consejos y la compañía de líderes u otros adultos referentes son invaluables.

Probablemente en estos casos los adolescentes no buscarán ayuda. Más bien tendrás que tomar tú la iniciativa y acercarte para ganarte su confianza. Es importante que ellos sepan que, aunque no tengas las respuestas para todas sus preguntas, sí pueden contar contigo como alguien que los escuchará y con quién podrán desahogarse y expresar libremente sus sentimientos sin que los estés juzgando. ¡Eso los aliviará y los animará tremendamente!

Ahora bien, debes tener en cuenta que el impacto que produce el divorcio de los padres en un adolescente puede expresarse de muchas formas. Algunos reaccionan con actitudes más bien pasivas, llevando su dolor por dentro, y otros en cambio tienen actitudes más agresivas, exteriorizando su dolor en forma notoria.

El divorcio de los padres es una pérdida, es un duelo que el adolescente experimenta, y como todo duelo, tendrá que pasar por un proceso, que toma tiempo, para aprender a vivir esta nueva etapa de su vida. De hecho, lo más complicado del divorcio de los padres son las consecuencias que este puede traer a las vidas de los hijos si no aprenden a manejar adecuadamente la situación, y a dominar y canalizar positivamente sus emociones.

¿Cuál es el papel de la iglesia entonces? ¿Cuál es el papel del consejero? ¡Apoyar! Este no es un problema a ser resuelto. Ante el divorcio de los padres es tan impotente a la iglesia como lo son los adolescentes. El trabajo hacia y con las familias es otra cuestión, en la que la iglesia sí debería de estar involucrada, pero eso es material para otro libro. Aquí nos ocuparemos del momento en que nos vemos ante la triste realidad de tratar de ayudar a adolescentes que ya están experimentando en dolor de ver a las dos personas que deberían seguir juntos, separarse.

Gran parte de los problemas que observamos en los hijos luego del divorcio son consecuencia de las conductas equivocadas en las que caen los padres. Por eso, de ser posible, es sano trabajar no solo de la mano de los adolescentes, sino también dar recomendaciones a los padres sobre qué hacer y qué no hacer durante esta etapa. Por ejemplo, los hijos no pueden ser usados como espías o mensajeros. Los hijos no pueden tomar parte. Los hijos no pueden estar escuchando siempre a sus padres hablar mal el uno del otro. Este no es un conflicto en el que la familia se parte en dos. Es un conflicto *entre dos*, eso sí, pero en el que los hijos deben quedar al margen, sin ser obligados a elegir un bando, ya que ambas partes son personas emocionalmente muy cercanas. Si ya es una situación delicada y difícil de llevar para un adulto, cuanto más lo será para un adolescente. Estas son cosas que debes conversar con los padres para ayudar al chico y así alivianarle un poco la carga emocional.

La adolescencia ya es de por sí un reto importante. Si en ese momento tan importante para su futuro les toca enfrentar el divorcio de sus padres, el desafío será aún mayor, porque la ruptura del núcleo familiar lleva a todos los miembros a encarar un duelo. Esta es una situación muy caótica para todos. Los adolescentes podrían presentar cierta rebeldía y resentimiento, alguna especie de negación a lo que sucede, o sentimientos de culpabilidad. También esta clase de situaciones influyen en la construcción de la imagen de sí mismos y de cómo los verán los demás. Puedes notar a los adolescentes con cierta inseguridad o temor, o con desconfianza hacia los demás (después de todo, la promesa tacita de una unidad familiar duradera se ha roto).

Los estudios se verán afectados en una gran cantidad de casos porque la escuela pierde prioridad en sus vidas. Algunos chicos pueden también encerrarse en sí mismos, o buscar estar lo menos posible en casa, ya que la ven como el campo de batalla. Algunos estarán muy emocionales todo el tiempo, con sus sentimientos a flor de piel, y otros no derramarán ni una lágrima como una forma de hacerse los fuertes.

Sea como sea, para la gran mayoría de ellos esto será como una muerte cercana. Se trata de un duelo que deben de vivir, en el cual hay siempre un sentimiento de impotencia y muchas veces también de culpabilidad. El problema aquí es que un adolescente que aun no termina su proceso de maduración, no sabe bien cómo procesar todas estas emociones, y por lo tanto en la mayoría de los casos son las emociones las que lo controlan a él o ella. Todo esto se verá reflejado en muchas de sus conductas y también en sus estados de ánimo, con distintos matices según la personalidad de cada uno.

¿Qué hacer desde tu lugar de líder o consejero, entonces? Aquí van algunos consejos que te pueden ayudar...

Practica la paciencia

Recuerda que este es un caso de mucho acompañamiento. El divorcio de los padres no es el tema que podamos resolver, sino que debemos tratar sobre los sentimientos del adolescente. Recuerda que al final de cada conversación que tengan, ellos volverán a su hogar, o al menos a lo que alguna vez fue su hogar... ya que ellos mirarán este lugar como algo nuevo, distinto. El punto es que no puedes sacarlos del lugar del problema, porque es donde viven. Así que se paciente. No esperes que un tiempo de consejería de 60 minutos les resuelvas la vida, porque no lo harás. Lo importante es que cada adolescente sepa que puede encontrar en ti un apoyo para llorar y para escuchar palabras de ánimo todas las veces que lo necesite. Tal vez sientas la tendencia o el impulso de intentar «arreglar» las cosas y buscar soluciones... ¡no lo hagas! Sé empático y dale a conocer al adolescente que te duele lo que pasa, y que Dios puede traer paz a su vida. Recuérdale que no está solo y que sin importar lo que suceda, puede encontrar un lugar de comprensión en ti.

Puede que se sientan mejor luego de hablar contigo, pero que sin embargo la siguiente vez que los veas evidencien molestia y tristeza por la desintegración de su familia. Ante esto debes tener paciencia y ser firme en los principios que Dios ha establecido para ellos. Ellos están buscando respuestas a un problema que no es de ellos y que, por lo tanto, no podrán resolver. Cuando no las encuentren, puede que se frustren. Ahí debes aparecer tú para recordarles que la situación que están viviendo no depende de ellos, y que ellos no la causaron. Sé paciente, porque tal vez necesiten escuchar esto muchas veces antes de poder creerlo o aceptarlo.

Habla con sus padres

De una manera muy respetuosa, por supuesto, puedes intentar conversar con sus padres y hacerles saber que quieres ayudar a su hijo. No dejes de expresarles que estimas profundamente al muchacho o a la muchacha y que quieres ser parte de la contención. Aconséjales que mantengan a sus hijos fuera de cualquier decisión que se deba tomar en este momento. El divorcio es un problema serio, y un problema de adultos. Recomiéndales que mantengan a sus hijos alejados de las discusiones. Y ponte a disposición de ellos para lo que necesiten

Provee una comunidad

La consejería en medio de un divorcio no puede ni debe ser una tarea aislada. Provee para el chico una comunidad que lo acompañe. No estoy hablando de un grupo que lo mire con lástima, sino de amigos que puedan acompañarlo. La presencia de sus pares es importante en este momento. Amigos que lo entiendan, aunque tampoco entiendan a fondo las cosas del divorcio. No es necesario que tengan respuestas a sus inquietudes (para eso estas tú o algún profesional), sino que sean personas que rían con ellos y que lloren con ellos. Un grupo que lo esté llamando, animando, y saliendo con él o ella. Un grupo intencional, que busque que esta persona no se caiga. (Esto, además, ayudará no solo al chico afectado, sino que contribuirá a concientizar y humanizar a los otros, porque aprenderán que pueden ser un instrumento para levantar a los demás.)

El principio de bíblico de «ayudarse a llevar las cargas lo unos a los otros» está fundado en la familiaridad, la amistad y el amor. ¡Practícalo con tus adolescentes!

Palabras de Karen Lacota

Los estudios muestran que los chicos y chicas cuyos padres están divorciados pasan por más situaciones conflictivas y de alto riesgo en las escuelas que los adolescentes que viven con ambos padres. Además, también revelan que obtienen bajos resultados académicos, lidian con la depresión, tienen problemas de conducta, son más propensos a caer en el abuso de alcohol y en las drogas, se inician desde temprana edad en relaciones sexuales prematrimoniales, y tienen más probabilidad de tener problemas con la ley. ¿Por qué? Porque el divorcio genera un profundo daño emocional en la vida de los hijos.

De hecho, no podemos ignorar que toda separación duele y deja secuelas en cada miembro de la familia. Pero enfoquémonos ahora en lo dolorosa que resulta esta experiencia para los hijos, y en las consecuencias que puede llegar a tener, al punto de llegar a afectar su salud emocional, su conducta, su rendimiento escolar, y otras áreas de sus vidas.

¿Quién tuvo la culpa? ¿Con quién viviré ahora? ¿Y cómo será la vida sin mi familia unida? ¿Qué puedo hacer para remediar esto? ¿Tendré yo la culpa de que mis padres se hayan divorciado? ¿Acaso no me aman? ¡Si me amaran no se divorciarían! ¿Por qué me tiene que pasar esto a mí? ¿Por qué justo tienen que separarse mis padres? Estas y otras preguntas son las que surgen en la mente de un adolescente al sentir que su mundo se derrumba en pedazos a causa del divorcio de sus padres. Por eso es justamente en este momento crucial de sus vidas donde tu rol como líder, mentor o consejero tiene el potencial de contener y de traer consuelo y acompañamiento, además del desafío de convertirte en un ejemplo y guía para alguien a quien probablemente se le ha nublado el horizonte.

Para los hijos, el divorcio de sus padres es verdaderamente traumático y realmente difícil de superar. No se puede dimensionar hasta dónde podría afectar sus vidas. Sin embargo, como líder, hay algunos pasos que podrías dar para ayudarlos a atravesar de la mejor manera posible esta dolorosa senda:

1. Ocúpate de tener un tiempo exclusivo para poder charlar periódicamente con el adolescente afectado.

En la mayoría de los casos de divorcio, ante la confusión que provoca la situación sumada al comportamiento probablemente inadecuado de los padres, los adolescentes sufren lidiando con sentimientos de rencor, malestar, rebeldía e incertidumbre. Un torbellino de sentimientos encontrados sacude sus vidas, y sienten que están a la deriva.

Por lo tanto, establecer una serie de charlas, ya sea semanal o quincenalmente, les ayudará a saber que cuentan con un espacio para expresar sus sentimientos y analizar sus actitudes, reacciones y acciones frente a las distintas situaciones que se verán forzados a enfrentar. Además de los encuentros programados, una llamada telefónica casual, o un mensaje de texto entresemana, darán continuidad a la relación para que el adolescente pueda sentir el acompañamiento y el respaldo necesarios para seguir adelante mirando al futuro con esperanza.

2. Construye un ambiente de confianza y de apoyo incondicional.

Debes asegurarte de que el adolescente sienta que lo escucharás y que recibirá tu apoyo incondicional. Una constante comunicación contigo como consejero, y la certeza de que oras con él y por él, le ayudarán a descomprimir la presión de la serie de cambios que deberá afrontar para salir adelante...

¿Con quién de sus padres tendrá que vivir? ¿Deberá cambiar de escuela? ¿Tendrá que mudarse a otro barrio? ¿Empezará a faltar el dinero en casa?

También hay determinadas decisiones que el adolescente deberá tomar...

¿Perdonará a uno de sus padres, o a los dos, en el caso que alguno de ellos haya cometido algún error? ¿Qué hará con los sentimientos de rechazo, culpa, y enojo que sin dudas aflorarán en algún momento?

El tiempo de conversaciones contigo le traerá fortaleza y dirección para continuar con su vida y tomar decisiones sabias. Además, podrá experimentar cuidado y amor que le brindarán la contención que necesita ante esta situación.

3. Conversa con el adolescente acerca de sus conductas y reacciones ante esta crisis.

No te sorprendas si en ocasiones el adolescente no sigue de inmediato tus consejos. Esto se debe a que le cuesta procesar todas las experiencias que está viviendo. Además, es muy probable que en un principio las charlas no sean muy agradables, debido a su negativa a comunicarse, o a una actitud rebelde, indiferente o introvertida. Incluso puede que notes un cambio abrupto en su conducta, como el involucrarse con otro tipo de amistades distintas a las que solía frecuenta, o, en el peor de los casos, el consumo de drogas y alcohol. Ante esto, es importante que sigas demostrando confianza en él durante las conversaciones, y que no se sienta juzgado, para evitar consecuencias aún peores.

Los tiempos de consejería deben ser programados y estructurados en cuanto a la intencionalidad. El ayudar al adolescente a analizar sus conductas y sentimientos a partir preguntas, pedirle descripciones de cada situación, resaltando los aspectos positivos, negativos e interesantes del conflicto, recordarle sus planes para el futuro, entre otros, son estrategias que le facilitarán el formular propuestas de soluciones lógicas y creativas para su vida.

En el caso de que observes que no logra sobreponerse o que se encuentra en un inminente peligro de caer en una depresión o de involucrarse en actividades riesgosas, conversa con sus padres para que le brinden el apoyo emocional y la ayuda profesional que necesite.

4. Ayuda al adolescente a entender cuál es su posición en este conflicto.

Como líder, tú tienes la tarea vital de sembrar esperanza y fe en el corazón del adolescente con respecto a sí mismo y a su familia. Además, debes asegurarle que no tiene la culpa de la separación, y que no hay ninguna palabra, acción o actitud de su parte que haya hecho que sus padres se divorcien.

También necesitará que lo ayudes en la construcción de una buena actitud hacia sus padres. Seguramente estará lidiando con el enojo, la ira y la incertidumbre, y por eso es fundamental que periódicamente converses con él sobre sus sentimientos y emociones, de manera a que le ayudes a salirse del centro del conflicto y a que asuma una actitud de honra a sus padres, independientemente de lo que estos hagan o hayan hecho, tal como enseña la Biblia.

Aliéntalo a que dialogue con cada uno de sus padres sobre algunos pasos concretos que deben seguir para poder mantener viva la comunicación con ambos y para establecer ciertas pautas para sus relaciones de aquí en más. Por ejemplo, debe dejarles claro que no desea convertirse en el mensajero entre ambos, que no lo hace bien que hablen mal el uno del otro, y que tampoco es su rol convertirse en el paño de lágrimas de uno de los dos o ambos. Si esto se torna complicado podrías actuar de mediador entre el adolescente y sus padres. Como líder y consejero, aquí juegas un papel preponderante, ya que es muy probable que no haya nadie más orientándolos en estos aspectos.

5. Ayuda al adolescente a conocer su identidad como hijo de Dios y a formar parte de la comunidad de fe.

Que los adolescentes conozcan a Dios como Padre será determinante para que puedan encontrar su identidad como hijos. El Señor brinda el sentido de seguridad, de aceptación y de pertenencia que todo adolescente necesita para crecer sano. Salmos 27.10 evidencia esta verdad cuando el salmista declara: *«Aunque mi padre y mi madre me abandonen, el Señor me recibirá en sus brazos»*. Este pasaje refleja el amor de Dios como Padre. Él brinda paz, consuelo, aliento, confianza y la certeza de que su amor perdura para siempre. Y como leemos en Salmos 138.8, ¡el Señor cumplirá sus propósitos en sus hijos!

También es importante que animes al adolescente que está sufriendo el divorcio de sus padres a involucrarse dentro de la comunidad de fe a través del servicio y los dones que Dios le dio. Y, como ya dijimos, rodéalo de amigos en tu grupo de jóvenes para que lo contengan, le den sentido de pertenencia y afecto, oren por él y lo sostengan. ¡Que sus amigos sean una muestra más del amor de Dios en su vida!

capítulo 11

Abuso del alcohol

Palabras de Karen Lacota

Los factores por los cuales los adolescentes empiezan a beber a edades tan tempranas son varios. Podríamos mencionar algunos, como las posibilidades económicas que tienen para adquirir las bebidas, y el entorno en que se desenvuelven, pero también resultan determinantes el deseo de aceptación dentro de su grupo de amigos, la curiosidad de probar lo prohibido, la adrenalina que sienten al pasar los límites, y la búsqueda de afianzamiento de su independencia e identidad. Todo esto contribuye a que, a una corta edad, muchos adolescentes ya comiencen a transitar por el oscuro y pedregoso camino del consumo de alcohol.

Así es como, sin darse cuenta, empiezan a pasar por las mismas etapas que encontramos en la adicción a cualquier sustancia:

- La **experimentación**: esta es la primera fase, en la que aceptan la invitación de otros para el consumo. Sienten que es emocionante hacer algo que está prohibido. Generalmente, durante esta etapa aún no hay consecuencias que lamentar.

- El **mal uso**: ahora empiezan a consumir con mayor regularidad. Intensifican su relación con grupos de amigos con los que consumen siempre. También empiezan a mentirles a sus padres, y a tener problemas en la escuela por inconductas y mal rendimiento académico. En esta fase, ellos aún pueden poner límites de hasta dónde llegar, aunque ocasionalmente los traspasen.
- El **abuso**: al llegar a esta fase ya habrán traspasado los límites que ellos mismos se pusieron, y comenzarán a buscar oportunidades para beber cada vez más frecuentemente. La mentira, como recurso evasivo, ya se ha internalizado. Los problemas con sus padres y en la escuela se han agudizado. En esta etapa, son incluso capaces de robar para conseguir alcohol.
- La **adicción**: esta es la fase en la que ya no tienen el control; han sucumbido ante el alcohol. Les cuesta establecer un proyecto de vida y alcanzar lo que se habían propuesto, y evidencian dificultades en su relacionamiento social, así como también problemas a nivel físico y espiritual.

Por lo general, los padres, consejeros, y docentes, entre otros, no perciben el peligro latente en el que se encuentran los adolescentes cuando todavía están dentro de las dos primeras fases. Muchos adultos incluso consideran que este es un comportamiento normal para esta etapa de la vida, y de este modo pasan por alto los riesgos a los que los chicos están expuestos.

Proverbios 14.16 dice que *«El sabio teme al Señor y se aparta del mal, pero el necio es arrogante y se pasa de confiado»*. Lastimosamente, he visto padres que han iniciado ellos mismos a sus hijos adolescentes en el consumo de alcohol, trasgrediendo así todas las leyes de prevención del consumo de bebidas alcohólicas en menores de edad, y exponiendo además a sus hijos a graves peligros.

Ahora bien, desde tu posición de consejero es fundamental que tomes muy en serio las implicancias y los riesgos a los que se exponen los adolescentes cuando consumen cualquier tipo de bebida alcohólica. Algunos de ellos son:

- Los adolescentes que consumen alcohol tienen mayor riesgo que los adultos de desarrollar enfermedades como cirrosis de hígado, pancreatitis, infartos, y algunas formas de cáncer.
- Cuanto más temprano empiezan a consumir alcohol, más probabilidades tienen de iniciar antes su actividad sexual, situación que los expone a otro tipo de problemáticas, como las enfermedades venéreas.
- Los adolescentes que consumen alcohol tienen mayor probabilidad de una muerte precoz por accidentes de tránsito, o por suicidio a causa de la depresión severa (a la que están cuatro veces más expuestos que aquellos que no beben).
- La probabilidad de adicción aumenta cinco veces si se inicia el consumo de alcohol antes de los 18 años.

Por otro lado, los expertos mencionan que, al ser un depresor del sistema nervioso central, el alcohol lentifica las funciones cognoscitivas (percepción y juicio), motoras (equilibrio y reflejos) y emocionales (anestesia emocional e inmadurez).

¿Qué hacer como líder?

Aquí te dejo una serie de acciones con las que puedes contribuir para combatir el alcoholismo en tu comunidad, a fin de preservar la integridad de tus adolescentes:

1. Organiza charlas con testimonios, u otras actividades dirigidas a los padres y a sus hijos, que ayuden a la concientización respecto a riesgos y consecuencias del consumo de alcohol durante la adolescencia.

Uno de los grandes desafíos que tendrás serán algunos de los padres de tus adolescentes. Como mencionamos anteriormente, muchos consideran normal el consumo de alcohol en esta etapa... la mayoría por desconocimiento de las consecuencias, y otros porque están muy preocupados por que los adolescentes se diviertan.

La consigna que puedes lanzarles es *alcohol cero*, incluyendo a los padres. Estudios mencionan que existe mayor probabilidad de consumo en aquellos adolescentes que ven beber a sus padres. Esto no es de extrañar, ya que Jesús mismo nos enseñó: *«...Ciertamente les aseguro que el hijo no puede hacer nada por su propia cuenta, sino solamente lo que ve que su padre hace, porque cualquier cosa que hace el padre, la hace también el hijo»* (Juan 5.19).

Durante estos espacios de aprendizaje, pon énfasis en analizar con pensamiento crítico y reflexivo las causas y las consecuencias del consumo de alcohol durante la adolescencia.

2. Incentiva a tus chicos a seleccionar sabiamente sus amistades.

Aprender a poner límites y a elegir lo correcto y conveniente para sus vidas, será parte del proceso de toma de decisiones inteligentes por el que todo adolescente necesitará que lo acompañes. Una de las principales preocupaciones de los adolescentes es el temor a quedarse solos, y por eso será fundamental que los ayudes a formar grupos de amigos dentro de la comunidad de fe. Si un grupo de amigos puede influenciarlos para mal, ¡definitivamente un buen grupo puede influenciarlos para bien!

Por otro lado, guíalos a reflexionar sobre las amistades que les rodean. Miren juntos los aspectos positivos y los negativos, e identifiquen los factores de riesgo. Piensen qué implica integrar un grupo que consume alcohol y otros tipos de sustancias en fiestas o diferentes tipos de encuentros. Recuérdales que la Biblia nos ofrece un filtro que es infalible para preservar el espíritu, el corazón y el cuerpo, *«...consideren bien todo lo verdadero, todo lo respetable, todo lo justo, todo lo puro, todo lo amable, todo lo digno de admiración, en fin, todo lo que sea excelente o merezca elogio»* (Filipenses 4.8).

3. Anima a tus adolescentes a que busquen ayuda desde la primera fase de la adicción.

Para lograr esto necesitarás crear un ambiente de confianza y amor, donde sientan que no serán juzgados ni condenados. Que sepan que en la iglesia recibirán dirección, perdón, sanidad, restauración y amor. Esto requerirá que tu relación con ellos sea cercana, y que demuestres mucha apertura para el diálogo. Si lo logras, conseguirás que te escuchen y que también te rindan cuentas de sus progresos y de sus caídas.

Guíalos hacia su Padre Celestial, quien les invita a tener una relación íntima y profunda con Él: *«Así que acerquémonos confiadamente al trono de la gracia para recibir misericordia y hallar la gracia que nos ayude en el momento en que más la necesitamos»* (Hebreos 4.16). El conocer a un Padre tan amoroso y misericordioso les dará propósito e identidad. Dios es el único que llenará su vacío y les dará satisfacción con su presencia, *«...aquel (Jesús) que lo llena todo por completo»* (Efesios 1.23).

Por último, si sospechas que uno de tus adolescentes está consumiendo alcohol, debes confrontarlo con firmeza y amor. Las adicciones matan los sueños de tus adolescentes, destruyen sus habilidades sociales, cognitivas, emocionales y espirituales, les roban las posibilidades de alcanzar el éxito en todas las áreas de la vida, y arruinan los planes de Dios para ellos. Si es necesario, recomiéndales a los padres que acudan a un profesional para ayudar al adolescente adicto al alcohol.

Palabras de Adrián Intrieri

El abuso en el consumo de alcohol ha sido, a lo largo de la historia, una de las preocupaciones más importantes de la iglesia. Miles de vidas se han destruido por causa del descontrol en el consumo, o la adicción al alcohol. Accidentes y homicidios, entre otras, han sido las trágicas consecuencias de su uso indiscriminado. Y la pregunta sigue haciendo eco: ¿Por qué millones de vidas se entregan a esta esclavitud? Intentemos responder juntos a esta pregunta...

Por una incapacidad para divertirse

Las cifras relacionadas con el consumo y abuso de alcohol en adolescentes han crecido descomunalmente en los últimos tiempos. Una de las razones que dan los adolescentes que se emborrachan es que lo hacen «para divertirse». Esta respuesta deja al descubierto la incapacidad que tienen las nuevas generaciones de encontrar placer en la vida sin lastimarse o exponerse. Y a eso hay que sumarle el hecho de que la iglesia históricamente no ha impartido una enseñanza sana sobre cómo podemos divertirnos sin caer en el error.

Por una lucha contra sí mismos

Existen muchos adolescentes que sienten que con el alcohol pueden sobreponerse a sus temores, a su incapacidad para relacionarse, o a su timidez. Piensan que solo cuando están bajo los efectos del alcohol pueden ser las personas que realmente desean ser. Creen que solo cuando están borrachos pueden ser personas interesantes, divertidas, o extrovertidas. Es como si con el alcohol «se liberaran» y pudieran mostrarse realmente como quieren ser... o como los demás pretenden que sean.

Por intentar olvidarse de la vida que viven

Muchos adolescentes saben que el consumo del alcohol les hace daño, pero de todos modos lo usan para escaparse, al menos por un rato, de la vida frustrante y solitaria que viven. Es triste, pero muchos adolescentes viven vidas tan solitarias y vacías que el alcohol, aunque saben que los destruye, les resulta más agradable que la realidad.

La conducta del consejero frente al abuso del alcohol

Todo consejero debe recordar que los atajos nunca son buenos caminos. Por eso son atajos, y no caminos. La incapacidad para divertirse sanamente, la búsqueda de sentirse más seguros o libres, y la necesidad de olvidarse aunque sea por un momento de la vida que se vive, todos estos son problemas que no se pueden solucionar simplemente «tapando agujeros». Si lo hacemos, tarde o temprano la frustración, el abandono, la soledad, la baja autoestima, o cualquier problema emocional o afectivo que el adolescente tenga, reaparecerán, y lo harán con mucha más fuerza.

Los consejeros debemos evitar caer en el error de solucionar temporalmente el problema. Para ello, una buena estrategia deberá incluir no solo la prohibición del uso de alcohol, sino también el desarrollo más pleno de la vida del adolescente. Enseñarles a los adolescentes a divertirse sanamente y a sentirse seguros de sí mismos, valiosos e importantes, capacitándolos paralelamente para que puedan construir su propio proyecto de vida, este será el objetivo final de todo buen consejero.

Por supuesto, la primera intervención debe ser la de exhortar al adolescente a disminuir el consumo de alcohol, ya que toda adicción se fortalece con el consumo. El pedido rotundo, entonces, debe ser: ¡detente! Pero luego debemos acompañar al adolescente hacia el desarrollo de una vida con sentido y propósito. Al hacerlo, recuerda que:

Los límites son necesarios

Los límites son necesarios para resolver esta problemática. Sin ellos, será imposible el cambio. El adolescente debe ser confrontado, y debemos explicarle la necesidad de que ponga límite a sus impulsos. Ningún límite es fácil, y el limitarse a uno mismo es un acto que requiere fuerza, perseverancia, coraje y responsabilidad. Explícales a tus chicos que la vida requiere sacrificios, y salir de cualquier adicción aun más.

La información es necesaria

Para el consejero es necesario contar con una buena información acerca de la vida y la historia personal y familiar del adolescente. Nada aparece por qué sí. Todo tiene una causa, aunque sea invisible. Y conocer las situaciones que el adolescente tuvo que enfrentar a lo largo de su vida, sus experiencias y su historia, todo ayudará a comprender los orígenes de la adicción, a modo de poder combatir el problema desde la raíz.

La ayuda profesional es necesaria

A veces es imprescindible que se busque ayuda profesional, ya que puede ser necesaria la intervención de gente capacitada para llevar adelante un tratamiento medico, psiquiátrico o psicológico. No debemos temerle a esto. Conocer cuáles son los límites que tiene nuestro rol como consejeros es un acto de humildad, y también de responsabilidad.

La familia es necesaria

De ser posible, hay que darle parte a la familia en este proceso. Pero ten en cuenta que el consejero debe trabajar con lo posible. Existen familias que niegan la realidad, se evaden, o simplemente no sienten interés por lo que les sucede a sus hijos. Intentar incluirlos es parte de la acción primordial de todo consejero, pero si se enfrenta con el obstáculo de una familia que no desea ayudar, debe continuar la tarea con lo que se pueda.

Como nota final, nunca olvides que la paciencia, la comprensión, la empatía, y por sobre todo el amor, serán piezas fundamentales para acompañar a los adolescentes que se encuentren lidiando con problemas con el alcohol.

Palabras de Esteban Obando

La reacción de la iglesia frente al alcohol ha sido la misma durante años y años. Cuando yo era niño, las «opciones de pecado» para los jóvenes eran el alcohol, el cigarro, y el baile. ¡Y hoy en día aún seguimos usando esos ejemplos desde el púlpito cuando queremos hablar de tentaciones! Sin embargo, si somos francos, nos daremos cuenta de que el abanico de opciones ha crecido de una manera significativa. Tal vez justamente por la gran variedad de opciones que existen, es que el alcohol se ha transformado ya no en uno de los tres princípiales, sino simplemente en uno más. Entonces parece que no es gran cosa, que no es para tanto...

En consecuencia, los cristianos hemos reducido (en nuestras mentes) el potencial peligro que representa el alcohol en las vidas de nuestros chicos y chicas, y nos hemos vuelto más «liberales» y menos «legalistas». Observa que he puesto entre comillas estas palabras porque, si bien prohibir el alcohol solo por prohibirlo es legalismo, también consumirlo solo por ir en contra del legalismo es libertinaje.

Lo que ocurre hoy es que nuestros adolescentes y jóvenes demandan razones de por qué consideramos que una cosa es, o no, pecado. Y me animaría a decir (con mucho cuidado) que incluso el punto esencial aquí no es determinar si el alcohol es o no es pecado. Lo que es importante es que el alcohol tiene el potencial para destruir, y que la gran mayoría de nuestros adolescentes (y muchísimos adultos) no tienen la madurez suficiente como para poder ver el peligro y establecer límites saludables.

Después de más de 25 años de ministerio, aún no encontré a nadie que me haya dicho que el alcohol ha sido una gran bendición para su vida. Por el contrario, me he encontrado con muchísimos casos en los que este vicio ha destruido familias y relaciones. ¿Quiere decir esto que, como iglesia, tenemos entonces que disparar contra el alcohol? Creo que no. Creo que tenemos que conversar con los adolescentes y dejarles saber justamente esos peligros.

En mi casa mis niños no toman una gota de alcohol. ¿Por qué? ¿Porque es pecado? No, esa no es la razón. La razón es que el alcohol puede ser un arma destructiva, y mis hijos aún no tienen la madurez necesaria para saber como usarla. Quiero que cuando sean adultos puedan llegar ante cualquier situación (entre ellas, el alcohol), saber determinar su peligrosidad, y saber hasta dónde pueden llegar sin caer en lastimarse a sí mismos y a sus semejantes. Este proceso es largo y complicado, pero creo que es más integral que solo darles una lista de cosas que no deben de hacer.

En la iglesia hemos pecado demasiadas veces por hacer esto. ¿Y qué sucede? Que nuestros jóvenes carecen de autonomía y recursos. Y si no tienen herramientas para poder discernir, fijar criterios, y tomar decisiones, entonces tendrán que improvisar en el momento... y así probablemente la presión los empujará a algo que nunca contemplaron en sus vidas.

Por eso debemos partir del «por qué». ¿Entienden nuestros aconsejados el «por qué» de las cosas? Recuerda que antes hablamos del desarrollo intelectual de los adolescentes. ¿Estamos listos, como iglesia, para responder desde la Biblia todas las preguntas de nuestros adolescentes? ¿O solo les daremos los resultados, la lista de qué hacer y qué no, sin que ellos mismos hayan pasado por el proceso de aprendizaje y reflexión? Les garantizo que la lista no funcionará bien si ellos no están convencidos de cuidar su cuerpo y de no someterlo a excesos o a pérdidas de control.

Creo que el fin de la iglesia debería de ser educar a los miembros para que puedan tomar por sí mismos decisiones que honren a Dios y la vida que Él nos ha dado. Y de educarlos para que, si hay algo que los lastima (como el abuso del alcohol), puedan huir de eso y protegerse. ¡Este principio se aplica a todas las áreas de la vida!

Por eso es que creo que el consejero es justamente aquel que puede y debe poner en perspectiva las cosas, para que el adolescente, habiendo comprendido y estando convencido, pueda entonces tomar las mejores decisiones... esas que no lo lastiman, sino que ayudan a crecer.

¿Y qué hay del hermano débil? ¿Qué hay del testimonio?

Este tema tiene mucho que ver con la vida cristiana. Es cierto que el consumir incluso una medida razonable de alcohol puede lastimar, o hacer caer, a otras personas más «débiles». Sin embargo, creo que el abstenerse de beber algo solo por otra persona está en un nivel de espiritualidad y madurez un poco más elevado. Mi consejo sería que nunca le impongas nada a un adolescente «por amor a otros» sin antes haber trabajado en sus propias convicciones. Si un chico va a dejar de beber cuando haya cristianos presentes «para no hacerlos caer», te garantizo que beberá cuando no haya ningún cristiano presente. Y ese no es el resultado que queremos.

Primero debe venir la convicción personal. Luego vendrán otras disciplinas, como el amor al prójimo. No le exijas a nadie algo que aún no puede dar. Y recuerda que estamos hablando de adolescentes, cuyo nivel de madurez está en desarrollo. El argumento del «buen testimonio» sin las convicciones firmes, solo crea hipócritas y legalistas. Y estoy seguro de que tú no quieres eso para tus chicos y chicas.

capítulo 12

Drogas

Palabras de Karen Lacota

En un rincón de algún barrio, pueblo o ciudad, alguien está en estos momentos teniendo su primera experiencia con las drogas. La mayoría de los que se inician en las drogas son jóvenes menores de veinte años, y entre ellos hay también cristianos. Muchos las probarán sin pensar, por presión del grupo, o simplemente por curiosidad... sin dimensionar que esta puede ser la puerta a un mundo de adicciones que no les traerá más que dolor y destrucción.

Las drogas se han instalado en medio nuestro, al igual que el alcohol y las pastillas. Son un enemigo que ha sido aceptado a nivel social entre los jóvenes. De hecho, tal vez porque en las películas y series televisivas lo muestran como algo normal, se han banalizado sus daños y se ha minimizado su impacto. Y muchos ignoran que hay millones de personas que hoy en día son enfermos drogadependientes, y que necesitan asistencia médica y psicológica. Sin contar los miles que han muerto por el consumo.

Por otro lado, es sabido que la familia como institución está en crisis, y que la educación en las escuelas está devaluada. Esto es un problema, ya que ambas resultan clave para la socialización del niño y el adolescente. No es de extrañar, entonces, que tarde o temprano aparezcan las consecuencias de una socialización a medias, como por ejemplo el consumo de drogas. Ante esta realidad, la iglesia adquiere una posición relevante, y debe actuar a través de sus líderes y consejeros. Estos deben comprometerse, no solo con el adolescente, sino también con su entorno inmediato, el cual incluye su familia y su escuela también.

Además, desde una perspectiva educativa se observa un grave impacto asociado al consumo de drogas, ya que este tiene graves repercusiones a nivel físico, psicológico, y cognitivo. Por ejemplo, se producen déficits de memoria y también un deterioro de las funciones ejecutivas. Ante esta realidad, los educadores (docentes, padres, líderes, otros adultos responsables) debemos trabajar para la *prevención.*

Trabajando para la prevención con agentes involucrados directamente en la formación integral del adolescente

A fin de evitar que nuestros adolescentes sean víctimas de las drogas y otras sustancias adictivas, es necesario que trabajemos para crear una cultura de la prevención. Unir fuerzas con las familias y con las instituciones escolares es fundamental para abordar esta problemática desde todos los frentes. La riqueza de matices que se encuentran en una comunidad de trabajo debe ser valorada y reconocida como una fuerza para alcanzar objetivos enfocados en el beneficio de los adolescentes.

En la mayoría de los casos, los padres no cuentan con las herramientas necesarias para acompañar a sus hijos durante su desarrollo físico, espiritual y psicosocial, por lo que valorarán toda la ayuda que se les pueda ofrecer. ¡Haz un esfuerzo por conocer a los padres de tus adolescentes y para aliarte con ellos a fin de brindarles apoyo en su tarea!

Por otro lado, las escuelas luchan también con la problemática del consumo y adicción a las drogas, así que esta es una oportunidad para que la iglesia se involucre y les brinde apoyo a través de propuestas que abarquen el aspecto físico, emocional y espiritual de los adolescentes. Recuerda hacerlo con una actitud de servicio y humildad hacia los directivos y docentes

Por ejemplo, nuestra iglesia local ha conseguido ingresar a instituciones educativas del sector público y privado, ofreciendo apoyo y acompañamiento a los estudiantes y docentes. Los líderes han sido bien recibidos como orientadores pedagógicos, y han logrado tener un espacio para crear conciencia y para acompañar a los adolescentes en las diversas problemáticas que atraviesan, incluyendo el consumo de drogas. Este es un caso concreto de cómo es posible que una comunidad de fe se acerque a la comunidad, no solo para proponer medidas preventivas y acompañamiento, sino también con la valiosa oportunidad de dar a conocer a Jesús de manera estratégica e inteligente, atendiendo a que en muchos países se presenta resistencia para hablar de Cristo en las instituciones públicas.

Enfoque en la prevención dentro de las comunidades educativas

No debemos esperar para apagar incendios, sino que debemos evitar que los mismos se produzcan. Para ello, necesitaremos identificar cualquier amenaza latente, y establecer planes de acción preventivos, en los que las familias, la escuela y la iglesia trabajen de manera conjunta y coordinada.

Aquí te comparto algunos aspectos a tener en cuenta para crear una cultura de protección, prevención y resistencia frente al consumo de drogas:

1. Desalentar el uso inicial

Dada la peligrosidad de las drogas y sus efectos irreversibles sobre el comportamiento humano, la salud, y el desarrollo psicológico, los organismos internacionales recomiendan *desalentar el uso inicial.* Para ello será necesario establecer programas de protección y de resistencia ante la actual epidemia de consumo, proponiendo acciones que involucren también una formación en los principios bíblicos.

En lo que hace a los padres y otros adultos responsables, podemos proponer programas para el fortalecimiento familiar (relación entre esposos, y entre padres e hijos), educar sobre las conductas de riesgo y sobre los ambientes que propician el consumo de drogas, brindar información sobre los distintos tipos de drogas que existen en la actualidad y sus efectos, y ofrecer capacitaciones sobre manejo de situaciones conflictivas y el desarrollo de habilidades para la resolución de conflictos, entre otros.

En lo que hace a los adolescentes, debemos trabajar en el fortalecimiento de su autoestima, ayudarlos a elaborar su proyecto de vida y a que descubran su vocación por medio de tests de orientación vocacional o reflexionando acerca de sus destrezas y habilidades más significativas, crear espacios para que desarrollen sus habilidades espirituales, deportivas, artísticas, de organización, e intelectuales, entre otras, ofrecerles oportunidades de realizar servicios comunitarios en sus escuelas, familias e iglesia, darles sentido de pertenencia en su comunidad de fe, y fomentar que tengan dentro de la iglesia adultos referentes que los validen y los acompañen.

2. Trabajar para la prevención desde temprana edad

Es importante que, como líder de adolescentes, involucres también a los líderes, maestros y padres de niños desde la primera infancia, con el fin de concientizarlos y alertarles sobre los riesgos, amenazas y consecuencias del consumo de drogas *antes* de que a sus hijos se les presente la oportunidad.

Por ejemplo, en la escuela de nuestra congregación hemos iniciado capacitaciones con el fin de brindar toda la información posible, creando conciencia en los padres de niños pequeños a partir de los dos años de edad. Lo hacemos con el objetivo de que los padres tomen medidas preventivas, realicen los ajustes necesarios a tiempo, y evalúen constantemente su clima familiar, a fin de erradicar toda posible amenaza que posteriormente pudiera facilitar el inicio en el consumo durante la preadolescencia y la adolescencia.

3. Trabajar de manera planificada

Esto implica establecer una estructura de trabajo que contemple los objetivos, el alcance, las actividades, el cronograma, los recursos necesarios, los responsables, los beneficiarios, y otros aspectos que ayudarán a darle continuidad en el tiempo a nuestras acciones de prevención, así como también a realizar ajustes y proponer mejoras.

¡Trabajar unidos y de manera organizada junto con las familias y escuelas puede hacer una gran diferencia en las vidas de los adolescentes de nuestra comunidad!

Palabras de Esteban Obando

La palabra «droga» inmediatamente evoca algo negativo para quienes la oyen, tanto dentro como fuera de la iglesia. Estaría de más decir que cualquier substancia que produce adiciones, y con la que una persona pierde el control, está fuera de los límites de lo deseable para cualquier persona. ¿Por qué entonces, si desde que los niños son pequeños se les ha inculcado que esto es negativo, las personas siguen consumiendo y perdiendo el control?

No seremos simplistas. No hay una lista de cosas que podamos hacer y luego esperar que todo el problema se arregle. Lo que sí nos hemos dado cuenta es que hay una serie de circunstancias que se repiten una y otra vez cada vez que alguien se mete en problemas con las drogas...

Al preguntarles a aquellos chicos que han estado involucrados con drogas por qué lo hicieron, las respuestas más comunes tienen que ver con el probar algo nuevo, la presión de sus amigos, el divertirse, o el buscar escaparse de problemas y el divertirse. Permíteme enfocarme en esta última causa: el escape.

Las drogas son como «un viaje» a latitudes nuevas, donde los adolescentes pueden, durante algunos minutos o algunas horas, escapar de lo que viven. Las drogas aíslan al adolescente de su realidad, y este es, en muchos casos, el efecto buscado y deseado por ellos. Se trata de la misma situación que hemos visto al hablar de pornografía, sexo, suicidio, alcohol, y otros vicios... Adolescentes con una profunda insatisfacción en sus vidas que, por ende, buscan desesperadamente maneras de escapar de esa realidad.

Roberto vino a mi oficina cuando lo cité después de una ausencia de casi 2 meses en nuestras reuniones. Entró, y me miró con desconfianza. Él tenía por ese entonces 18 años. Sabía que yo lo quería, pero estaba decepcionado con la estructura de la iglesia. Vivía en una familia divorciada, en la que su padre no ejercía el más mínimo rol. Para colmo, en su escuela había tenido muchos conflictos, y en casa su madre no había sabido darle contención a su situación. Cierto día, alguien le ofreció a Roberto marihuana en la calle. Ante toda esta tensión que tenía acumulada, decidió probarla... y experimentó el gusto de olvidarse de sus líos por un momento. Así siguió consumiendo, hasta que un día uno de los adolescentes que visitan nuestra iglesia lo vio y se lo contó a los demás. Inmediatamente se generó un ambiente de rechazo hacia Roberto, quien por ese entonces todavía seguía asistiendo a las reuniones, y él se dio cuenta enseguida. Muchos de sus «amigos» de la iglesia dejaron de serlo, y Roberto entonces decidió irse de la iglesia. Sus «amigos» nuevos, que eran quienes le ofrecían la marihuana, lo aceptaron sin preguntar, y le dieron así una «comunidad» de fumadores de marihuana a la cual Roberto amó pertenecer. Una comunidad sin diferencias, sin juicios, sin críticas.

Ese día en mi oficina me explicó su nueva filosofía de vida, y fue realmente triste verlo partir con un pensamiento tan equivocado no solo hacia las drogas, sino hacia Dios, el mundo, los padres, la amistad y la vida eterna...

Las drogas no son solo un asunto de drogas. Afectan fuertemente todas las áreas de la vida. La madre de Roberto hablo con él en repetidas ocasiones, sin ningún resultado. Finalmente Roberto se alejó de todos, hasta de su familia, y hoy vive solo en el pequeño cuartito que puede pagar. Una vez más, las drogas no son solo un asunto de drogas.

Haciendo un análisis del caso de Roberto y de los muchos otros «Robertos» que conocemos, me pregunto: ¿es la droga la que lleva a la persona a estas circunstancias? Creo que la respuesta es no, ¡y con esto no estoy defendiendo en absoluto el consumo de drogas! Lo que creo es que mucho tiene que ver con la contención que se le pueda dar a una persona que está tratando de escapar de algo. Por eso decimos que las drogas son un problema de la persona completa, en un sentido integral: espiritual, físico, emocional, y social.

Es llamativo también cómo elementos como las drogas, el alcohol, o el sexo desordenado siempre están presentes en las situaciones de riesgo social como los accidentes, los delitos, las reclusiones penales, los asaltos, el abuso, y la violencia.

En el libro «Drogas y Pornografía», el Dr. Lucas Leys nos ofrece algunas preguntas interesantes que deberíamos hacerles a los adolescentes que viven esta realidad, con el fin de obligarlos a pensar y meditar acerca de sus razones para consumir drogas. Algunas de estas preguntas son: ¿Qué se logra con las drogas? ¿Qué es lo que verdaderamente se consigue? ¿Qué se pierde?

El Dr. Leys dice que *«en toda experiencia con drogas la persona pierde algo. Cualquiera sea la sustancia, drogarse produce una alteración de los sentidos»*. Esto, a su vez, produce otras pérdidas, dice el Dr. Leys, y menciona algunas cuantas, que cito a continuación:

1. Perder la habilidad de entender racionalmente

Aún bajo el efecto inicial de excitación y euforia la persona está demasiado estimulada co0mo para hacer pleno uso del razonamiento. Pasado el efecto inicial, la persona, que tiene profundo sueño, depresión, irritabilidad, pánico, o algunos otros síntomas similares, tampoco está en pleno uso de sus facultades mentales. El Dr. Alan I. Lesher, director del *National Institute on Drug Abuse* de los Estados Unidos, asegura que «las ultimas investigaciones muestran que aún el uso ocasional de drogas como la cocaína afectan al cerebro de tal manera que este manda señales al cuerpo solicitando dosis aun más grandes de la droga ingerida a la vez que pierde facilidad para accionar sus funciones».[1]

2. Perder la habilidad de comunicarse inteligentemente

Bajo el efecto de las drogas, se hace más difícil articular inteligentemente las palabras. Pero mucho más alarmante es el efecto a largo plazo, ya que las drogas pueden llegar a lastimar irreversiblemente la zona neurológica cerebral que tiene que ver con el habla.

1 Comunicado de prensa del NIDA del 11 de septiembre del 2000.

3. Perder el sentido de personalidad e identidad

Especialmente las drogas con efectos alucinógenos hacen que la persona adicta pierda el estado de conciencia y prácticamente olvide quién es y cómo se comporta usualmente. Los que recurren a las drogas para «olvidar» o «escapar», suelen buscar conscientemente este efecto totalmente despersonalizador. Luego del olvido, la alteración produce mayor confusión y culpa.

4. Perder completa dimensión moral

Bajo el efecto de estas sustancias la persona distorsiona las barreras entre lo que está bien y es seguro, y lo malo y peligroso. Por ejemplo, es bien conocida la relación entre las drogas y el SIDA, porque la persona bajo los efectos de la droga no toma ninguna medida de precaución ante circunstancias riesgosas. También suele ser normal el incurrir, bajo los efectos de las drogas, en conductas que en estado consciente la misma persona condenaría, tales como matar a un ser querido o la propia automutilación. Es por ello que el consumo de drogas incrementa enormemente las posibilidades de cometer un crimen.

5. Perder la correcta dimensión de las distancias

También es bien conocida la relación entre los accidentes de transito y la drogadicción. Así como en una borrachera, algunas drogas confunden a la persona a tal punto que les es difícil mantener el equilibrio y calcular las distancias.

6. Perder la correcta percepción de los colores, texturas y tamaños

Cuando se llega al extremo de las alucinaciones, todo empieza a confundirse. Obviamente, esta es una situación muy peligrosa para cualquier individuo. La alteración cada vez mayor de los sentidos en la persona adicta a alucinógenos suele producir, también, severos trastornos psiquiátricos.

7. Perder la percepción del tiempo pasado, presente y futuro

La confusión en la dimensión temporal es otro de los efectos conocidos de las drogas. Pasada la influencia de las drogas, muchos jóvenes ni se acuerdan lo que hicieron, y pueden estar por horas confundidos acerca de dónde están, por qué, y hacia dónde iban.

Estas son solo algunas de las cosas que producen las drogas. Así que, aunque muchos quieran justificarlas, la realidad es que las drogas lastiman. Y la iglesia debe tratar estos casos con inteligencia y con amor. No podemos seguir perdiendo «Robertos» porque no supimos tratar con amor a aquellos que están batallando con este tipo de problemas.

Muchísimos de estos casos deberán ser remitidos a un profesional, mientras que la iglesia y los consejeros le brindamos, al chico o chica involucrado, contención en lo social, espiritual y personal. Pero recuerda que hay elementos muy sencillos, como que el adolescente sepa que estamos orando por él, que lo tenemos presente y que queremos ayudarlo, que pueden hacer un mundo de diferencia en su vida.

capítulo 13

Relación entre padres e hijos

Palabras de Karen Lacota

En esta etapa, caracterizada principalmente por la búsqueda de independencia de sus padres, los adolescentes tienden a ser menos comunicativos con ellos. Además, si le agregamos a esto otros factores, tales como la ausencia prolongada de los padres en las vidas de sus hijos a causa del trabajo, o bien porque uno de ellos ha abandonado el hogar, entonces tu trabajo de acompañar y ayudar al adolescente a mejorar su relación con ellos será fundamental. Cuando sus padres dejan de ser sus héroes, un líder puede significar un marco de referencia importante en sus vidas por la amistad, el discipulado y los consejos que ofrece.

Creando vínculos con los padres

Quizás uno de nuestros mayores desafíos en el trabajo de consejería con adolescentes sea el intentar asociarnos con sus padres para que el acompañamiento sea más efectivo. Cuando se logra esto, los padres reconocen el impacto significativo de la iglesia en sus hijos, y por lo tanto su interés por conocer más acerca de la fe de sus hijos crece, a la vez que ofrecen un mayor apoyo a los líderes y a su grupo de jóvenes. Por otro lado, independientemente a la conducta de los padres o de sus creencias, debemos tener presente que la mayor influencia que reciben nuestros adolescentes es la de su familia, por lo que debemos intentar que nos vean como aliados y no como una amenaza.

Si bien es cierto que la labor de transmitir la fe a los hijos es de los padres, muchos aún no conocen a Jesús, por lo que la iglesia pasa a tener un rol protagónico en transmitir las verdades bíblicas a los adolescentes y en guiarlos hacia una relación íntima con Dios. Sin embargo, trabajar para crear puentes que nos unan a sus progenitores resultaría en una alianza que fomente un trabajo coordinado para lograr mejores resultados.

Por ejemplo, en el ámbito educativo generalmente se incentiva y se propicia a que los padres se involucren con la escuela, ya que uno de los aspectos claves para superar problemas de conducta, de bajo rendimiento académico, de acoso escolar, y problemas con las figuras de autoridad, entre otros, es el trabajo coordinado entre padres y docentes. Cuando se logra una buena comunicación y se establecen en conjunto planes de acción para cada situación, los estudiantes se benefician tremendamente. Esto es así porque el trabajo en equipo entre los padres y aquellos que están involucrados en la formación espiritual, física y/o emocional de los adolescentes crea sinergia, y, por lo tanto, potencia las habilidades y destrezas de cada uno.

A continuación te dejo algunos consejos que pueden resultarte útiles para acercarte a los padres de los adolescentes de tu grupo:

- Comunícales las actividades de la iglesia en las que participarán sus hijos, y las enseñanzas que recibirán durante el año o el semestre. Para esto puedes valerte de boletines semanales, correos electrónicos, carteleras, etc. Un miembro de tu equipo puede ayudarte con esta labor.

- Crea espacios para el aprendizaje y el diálogo a través de charlas, conferencias, debates, y otros tipos de encuentro, tratando temas relevantes relacionados con la crianza de sus hijos. Actividades como estas servirán también para que los padres conozcan a otros padres que se encuentran lidiando con sus mismos desafíos.

- Forma grupos o comités de padres que apoyen las diversas actividades orientadas hacia los jóvenes, como por ejemplo los campamentos, torneos deportivos, etc. Ten presente que habrá padres que, aunque deseen contribuir, no podrán hacerlo por cuestiones de laborales o falta de tiempo. Sin embargo, extiéndeles siempre la invitación a colaborar, para que no se sientan excluidos.

- Anima a los padres en su rol, y demuéstrales que su trabajo es valorado. Esto es trascendental. ¡No olvides que ser padre de familia no es tarea sencilla! Busca la forma de halagarlos, resaltando alguna característica positiva de su hijo o hija. También puedes organizar una vez al año una actividad en la que la meta sea animar y bendecir a los padres en su labor. Este tipo de iniciativas promueve espacios para que los hijos puedan honrar las vidas de sus padres y dar gracias a Dios por ellos.

- Los grupos de oración e intercesión son importantes en la labor que realizamos. Anímate a desafiar a algunos padres que tengan el deseo y la disponibilidad para hacerlo, a que puedan formar un grupo de oración por el ministerio que la iglesia realiza con los adolescentes. Este tipo de actividad despierta, además, el compromiso de los padres hacia el ministerio, y el interés por las actividades de las que participan sus hijos.

Algunas cosas que debes enseñarles a tus adolescentes para ayudarlos a que fortalezcan su relación con sus padres:

1. Que honren a sus padres a través de la obediencia

Más allá de los aciertos o desaciertos que puedan tener sus padres, es fundamental enseñarles a los adolescentes que los honren con sus palabras y acciones. Explícales que esto no solo contribuirá a que tengan una buena relación con ellos, sino a que les vaya bien en la vida (Efesios 6.1-3). Enséñales que cuiden la forma en que se refieren a ellos, y cómo les comunican sus ideas, expectativas y deseos. Incentívalos a que ayuden en las tareas de la casa, y se muestren amables y considerados. Y, si bien no se trata de que les cuenten sus secretos más íntimos y oscuros, anímalos a que puedan compartirles sus experiencias, anécdotas, y cuestiones de la escuela. Además, recomiéndales que fomenten la confianza, evitando las mentiras y la desobediencia.

2. Que sean abiertos y flexibles

Ayudar a los adolescentes a que tengan expectativas correctas acerca de sus padres contribuirá a mejorar y fortalecer sus relaciones. Ayudarles a que sean abiertos y flexibles en lo que hace a los puntos de vista y las decisiones de sus padres, les permitirá reducir las tensiones y crear un ambiente de paz en su hogar. Guíalos a que sean comunicativos cuando sus padres les pregunten respecto de la escuela, sus prácticas deportivas, o sus amigos.

3. Que pasen tiempo con ellos

Debemos aconsejarles a los adolescentes que se acerquen a sus padres proactivamente. Puedes darles ideas, como el apartar un tiempo para el diálogo luego de la cena, o sentarse a conversar dos veces por semana para mantenerse en contacto. También pueden practicar algún deporte con ellos, o compartir algún tema de interés o hobby en común. Además, recuérdales que deben evitar las bromas hirientes y las frases sarcásticas, y más aun cuando se está trabajando precisamente en fortalecer los vínculos con los padres. Las pequeñas semillas de buenos modales, respeto, y cariño, en algún momento traerán resultados.

4. Que oren por sus padres

Independientemente de los méritos que tengan, o no, sus padres, los hijos deben aprender a orar por ellos. Y enseñarles a hacerlo regularmente es parte de tu rol como consejero espiritual. Para aquellos adolescentes que tengan una buena relación con sus padres esto resultará más fácil que para aquellos que hayan sufrido abandono, o abuso, o que tengan dolor a causa del resquebrajamiento familiar. Sin embargo, el hecho de ir descubriendo lo que Dios puede hacer a través de la oración en las vidas de sus padres fortalecerá su fe en Dios.

Muchos de los conflictos que los adolescentes manifiestan tienen origen en la relación con sus padres. Lo que sucede es que los adolescentes transfieren estos problemas los distintos escenarios en que se desenvuelven, mostrando diferentes comportamientos dependiendo del grupo y la realidad. De ahí la importancia de que construyas puentes que los unan, contribuyendo a que los padres sean más sensibles a las necesidades y a los problemas de sus hijos, y a que estos sean más abiertos y sensibles con ellos. Por algo la Biblia dice que: *«Él hará que los padres se reconcilien con sus hijos y los hijos con sus padres, y así no vendré a herir la tierra con destrucción total»* (Malaquías 4.6). ¡La familia es clave para bendecir a las generaciones!

Palabras de Adrián Intrieri

Hay determinadas necesidades básicas que todo adolescente necesita sentir satisfechas para poder crecer seguro, y esto debe suceder justamente en la primera etapa de su vida. Si estas necesidades no han sido satisfechas, sentirá que su crecimiento no es proporcional y asumirá una posición frustrada, y hasta, en algunos casos, podremos observar la aparición de conductas conflictivas o síntomas de que algo no está bien. Por el contrario, la satisfacción adecuada de cada una de estas necesidades le proveerá de herramientas para crecer sanamente.

Vamos a referirnos ahora a 5 necesidades básicas que deben ser satisfechas por los padres en las vidas de sus hijos:

La necesidad de sentirse amados

La primera necesidad, y la primordial, que debe ser satisfecha por los adultos, es la necesidad de los adolescentes de sentirse amados. Nota que cuando me refiero aquí a la necesidad del amor no estoy pensando en una expresión del amor romántico, sino que me refiero a ese afecto que involucra los sentimientos más importantes para la vida. Cuando me refiero a la satisfacción de la necesidad de amor, estoy pensando en ese amor que hace sentir a la persona como importante y valiosa, y que hace que sea escuchada, aceptada y reconocida. Un adolescente que tiene satisfecha en su vida la necesidad de sentirse amado, crecerá de manera efectiva y logrará construir una autoestima sana.

La necesidad de crecer

La segunda necesidad primordial que debe ser satisfecha en el adolescente es la necesidad de crecer. Todos tenemos que saber que podemos desarrollarnos y alcanzar nuevas etapas en la vida.

El problema hoy en día es que muchos adolescentes desean ser tratados como adultos, pero sin aceptar la responsabilidad que conlleva el ser adultos.

También existen muchas historias de personas que no alcanzaron a crecer porque no se les permitió hacerlo, o porque no les fue necesario, o porque no les fue enseñado. Y si bien hay muchos adolescentes que actúan como si no desearan crecer, esto en realidad genera mucha angustia, y no es vivido como sano o esperable ni aun por el mismo adolescente.

La necesidad de empatía

La tercera de las necesidades primordiales que todo adolescente necesita que sea satisfecha es la necesidad de *empatía*. Empatía significa ponerse en el lugar del otro. O, como se dice popularmente, ponerse en los zapatos del otro. Al referirnos a la satisfacción de la necesidad primordial de empatía, estamos refiriéndonos a la necesidad que los adolescentes tienen de sentirse comprendidos.

Cuando tenemos capacidad empática podemos comprender las necesidades de los demás, comprender su sufrimiento y sus preocupaciones, y ser compasivos. La palabra compasión significa compartir el pasar de alguien.

Se suele pedir en muchas oportunidades que seamos adultos empáticos. Esto significa que no impongamos pensamientos ni conductas desde nuestra propia opinión, sino comprendiendo y acompañando la realidad que viven diariamente los adolescentes.

La necesidad de confirmación

La cuarta necesidad que tienen los adolescentes es la necesidad de confirmación. La palabra «confirmación» suena como una palabra muy religiosa, pero deseo aquí retirarle la connotación religiosa y que la pensemos como una necesidad primordial.

Confirmar algo es volverle a dar firmeza. Esto está relacionado con que obtenga solvencia. Los adolescentes necesitan ser confirmados, es decir, sostenidos y acompañados en sus decisiones. La necesidad de confirmación es, en un sentido, la necesidad de tener adultos que sean tutores en sus vidas.

No se puede crecer sanamente de manera solitaria. Los adolescentes necesitan la opinión y el acompañamiento de otros, ya que esto los ayuda a generar confianza en sí mismos. Muchos de los conflictos que tienen los adolescentes esconden en sus raíces el hecho de haberse sentido abandonados o desvalidos, es decir, sin sostén. Por eso, cuando nos referimos de la necesidad primordial de confirmación, estamos pensando en ese tipo de sostén que produce seguridad para crecer sintiéndonos protegidos.

La necesidad de ejemplo

La última de las necesidades primordiales es la necesidad de ejemplo. Esto es muy importante. Solo con ejemplos podemos crecer orientados, ya que todos necesitamos modelos que nos ayuden a saber por dónde seguir.

Una de las carencias más notables de estos tiempos es la falta de personas que se conviertan en personas significativas para los adolescentes. Personas que sean modelos para sus vidas. Modelos que sean, sobre todo, ejemplos posibles de cómo es ser un adulto saludable en todo sentido.

El ejemplo significativo de los adultos se convierte, entonces, en una meta, en un modelo a imitar, que orienta la vida del adolescente y le permite además sentir esperanza al ver que otro lo pudo lograr.

Palabras de Esteban Obando

La premisa es una y, sin querer caer en absolutismos o declaraciones arrogantes, creo que no cambia: ¡No podemos sacar a los padres de la ecuación del ministerio juvenil! Indistintamente del tipo de padres que sean, de la relación que tengan con sus hijos, o incluso de la fe que profesen, los padres son los líderes naturales que tienen los adolecentes. Y, nos guste o no, ellos son las personas mas influyentes en sus vidas. ¡Así que prestémosles atención!

Gran parte de la población de padres argumentará que no tienen idea de cómo lidiar con un adolescente. ¡Y tienen razón! Nadie nunca les habló de sus cambios, sus necesidades particulares, y su evolución de niños a adultos. Y creo que la iglesia debería jugar un papel protagónico en esto.

Entiendo que este libro es sobre consejería. Sin embargo, de la mano con este ministerio viene el ministerio hacia los adolescentes, donde sí o sí tenemos que proveerles de recursos que los ayuden a prevenir la toma de decisiones equivocadas.

Hace algunas semanas conversé con una adolescente que estaba muy ofuscada con sus padres. Al hablar más tarde con ellos, me di cuenta que querían mantener su metodología con una niña que ahora ya no era niña... Me tomó 30 minutos explicarles que parte de los cambios en su hija tenían que ver con el intelecto, y que la cantidad de preguntas que ella hacía ante las negativas de sus padres no tenían nada que ver con la rebeldía, sino con una necesidad de investigar y de entender mejor las cosas. Una vez que todos quedamos enterados de las características básicas de la adolescencia, a estos padres les ayudó mucho el ejercicio de explicar cada cosa que hacían a sus hijos (no como una forma de pedir permiso o aprobación, sino como un ejercicio de honra al cerebro de su hija). Esto provocó que los padres reevaluaran todo lo que decían y hacían en casa, ya que muchas cosas eran simplemente reglas sin fundamento. A su vez, este cambio ayudó a que la adolescente entendiera el tema de la autoridad y de los límites. ¿El resultado final? ¡Paz en casa! Aún hay cosas en las que a ella se le dice que no, pero ahora entiende mejor las razones de sus padres y está mucho menos ofuscada. ¡Todo por 30 minutos, solo 30 minutos, invertidos en los padres!

La iglesia debe predicar en todo momento (desde el pulpito, en las clases, en los grupos pequeños, por medio de material escrito, y en cuanta forma sea posible) acerca de lo sagrada que es la relación entre padres e hijos. ¿Te has puesto a pensar alguna vez en cuál fue la figura que escogió Dios para revelarnos su relación con nosotros? ¡Exactamente! ¡La de un padre con su hijo! ¿No te parece relevante, entonces, que la Iglesia exalte esta relación?

La idea debería ser darles herramientas a los padres para que sean la clase de padres que Dios quiere que sean. Incluso, un paso más que puedes tomar (y con mucho cuidado) es citar a reuniones de padres con hijos. En casa no siempre pueden comunicarse. El hijo se siente incomprendido, y el padre se siente frustrado. Ambos pueden beneficiarse teniendo un intermediario que busque el bienestar de esa familia y que pueda ayudarlos a conversar de manera pacífica y ordenada. Es maravilloso ver a los hijos por fin comunicándose con sus padres, y ver la satisfacción de un padre cuando por fin puede conectarse con su hijo. ¡Tú puedes hacer que ese sueño se vuelva realidad!

Aquí te dejo algunos consejos de mi amiga Patty Marroquín, pastora y consejera en Chile:

Tips para ayudar a los padres de tus jovenes

- Los padres ya tienen suficiente tarea con sus hijos. No hagas que «compitan» contigo. Hazles saber que no deseas tomar su lugar, sino que deseas ayudarles y apoyarles.

- Conoce a los padres, relaciónate con ellos, y mantenlos permanentemente informados de tu propósito y del calendario del grupo, programa, horarios, etc. Esto ayudará a que puedan planificar mejor como familia.
- No cargues a tus jóvenes con programas y enseñanzas que los mantengan fuera de casa y separados de sus padres muchos días a la semana. ¡Cuidado con creer que la asistencia de tus jóvenes a la iglesia es sinónimo de espiritualidad! Pudiera ser que la acción más espiritual que pudiera tener un adolescente fuera NO asistir a una actividad, para pasar más tiempo con sus padres o su familia.
- Escucha a los padres, se empático, trata de comprenderlos y de ser lo más imparcial posible. No los juzgues ni critiques, y cuida lo que dices de ellos frente a sus hijos. Que piensen distinto a ti no significa que sean tus enemigos.
- Organiza una *«Escuela para Padres»* que ofrezca charlas, seminarios, y literatura con temas que les interesen a los padres de tus chicos, tales como crianza, disciplina, sexualidad, y otras cuestiones que les sirvan para entender el mundo juvenil actual y para mejorar sus relaciones con sus hijos adolescentes.
- Ofrece a los padres oración y también consejería, ya sea a través tuyo, del pastor titular, de algún otro líder encargado de esa área, o incluso de algún profesional. También puedes organizar espacios en los que tengan la oportunidad de compartir con otros padres que estén también criando hijos adolescentes.
- Apoya el desarrollo integral de sus hijos, brindando instancias que no solo satisfagan el área espiritual, sino también las áreas física, emocional, vocacional, etc.

- No trates de «mundano» o «poco espiritual» a un joven que se destaca en otra área y le dedica tiempo a eso (ya sea deportes, artes, estudios, o lo que sea).
- El testimonio vivo de la transformación de un hijo adolescente a los ojos de sus padres puede ser el método evangelístico más poderoso y efectivo que exista para atraer a los padres a Cristo. Vela para que haya un equipo de personas listas para atenderlos cuando ellos se acerquen a la iglesia.

Por sobre todas las cosas, cuida tu relación personal con Cristo, para que seas su reflejo tanto para tus jóvenes como para sus padres. Practica lo que predicas. Y recuerda que no podemos dar lo que nosotros mismos no hemos recibido.

capítulo 14

Identidad sexual

Palabras de Karen Lacota

¿Cuántos de los adolescentes en nuestras iglesias han recibido una educación sexual adecuada y han crecido en un ambiente propicio que contribuya al desarrollo de una identidad sexual sana? Lamentablemente, la mayoría de los padres no son conscientes del gran impacto que tienen sobre la construcción de una sexualidad sana en sus hijos. En cuanto a la escuela, los programas educativos contemplan la educación sexual, pero poniendo mucho énfasis en la enseñanza de la ideología de género, y proponiendo incluso materiales educativos que lo fomentan. De hecho, es terrible lo que el sistema educativo de varios países está enseñando a los niños y adolescentes de hoy. Pareciera que lo que se pretende es destruir el plan de Dios para el hombre y la mujer como tales.

El impacto de la crianza dentro del hogar, la forma de relacionarse entre padres e hijos, y el modelo de hombre y mujer que los padres dan, además de las experiencias de las cuales pudieron haber sido víctimas durante su niñez y adolescencia, todo esto influye en gran manera en la construcción de la identidad sexual. Asociado a esto, la industria del cine y de la música, los medios de comunicación, y otros grupos u organizaciones, todos han puesto mucha fuerza para promover la «ideología de género», instaurando estas ideas dentro de la sociedad, y en la mente y los pensamientos de niños y adolescentes, como si fueran algo normal y como si el género fuera una opción personal que debe ser aceptada y apoyada por todos. Si les preguntas, verás que la mayoría de los adolescentes de hoy opinan que la homosexualidad es una forma de vida que la sociedad debería aceptar.

Ahora bien, una correcta construcción de la identidad sexual en niños y adolescentes, derivará en una orientación sexual sana. La identidad sexual tiene que ver con la percepción de uno mismo de sentirse mujer u hombre, y se construye de acuerdo a una combinación de factores biológicos, ambientales y psicológicos. Durante la adolescencia, los chicos y chicas van descubriendo su cuerpo y sus emociones, y determinando su comportamiento y una serie de conductas que los llevan a manifestar su identidad sexual y, por ende, su orientación sexual. Ahora bien, la Biblia es clara cuando dice que Dios creó al ser humano a su imagen... hombre y mujer los creó... y que Dios miró todo lo que había hecho, y consideró que era bueno (Génesis 1.27, 31). No hay muchas vueltas que dar. Dios dejó claro cuál es su diseño para el hombre y la mujer en todos los aspectos de su ser.

¿Cómo ayudamos a nuestros adolescentes a construir, o a restaurar, su identidad sexual?

En primer lugar, como líderes consejeros debemos **crear un ambiente de gracia y de aceptación** para los adolescentes. Muchos de ellos se sienten avergonzados y confundidos acerca de su orientación sexual, pues al comenzar esta etapa de sus vidas se inicia el proceso para definir su identidad. De hecho, los adolescentes tienen muchas preguntas respecto a su sexualidad, por lo que podrían estar pasando por periodos de descubrimiento de su propio cuerpo, de sus sentimientos, y de sus gustos, todo lo cual los enfrenta a dudas y confusión. Así que, el generar una atmósfera de confianza y seguridad les ayudará a expresar con tranquilidad lo que sienten y a poder hablar de sus experiencias.

En segundo lugar, los adolescentes necesitan de **referentes maduros espiritual y emocionalmente, sin conflictos en su orientación sexual**, para que los ayuden a ordenar sus ideas y sus sentimientos. Muchos adolescentes se sienten atraídos por su mismo sexo por algún tiempo. En general es un periodo corto, que luego termina. Por eso mismo, es fundamental acompañarlos para que no se instale en sus mentes un pensamiento errado sobre una identidad sexual distorsionada, que, para colmo, sería afirmada por la cultura.

En tercer lugar, **es fundamental ayudarlos a construir y a fortalecer una autoestima saludable**. Muchos adolescentes han pasado por situaciones traumáticas durante su infancia, sintiéndose rechazados y poco valorados, y con ausencia de vínculos emocionales profundos con sus padres. La autoestima se construye desde los primeros años de vida, y en su construcción influyen en gran manera el entorno y las personas que rodean al niño. Esteban Borgetti, en su libro *«Homosexualidad y Juventud»*, menciona que *«es frecuente que los jóvenes que sienten atracción por personas del mismo sexo hayan tenido durante la niñez un tipo de vínculo con sus padres (y con sus amigos) que construyó en su interior un pobre concepto de ellos mismos»*. Es fundamental entonces, en este proceso de afianzamiento de su valía personal, ayudarles, por ejemplo, a identificar sus puntos fuertes, sus habilidades, y sus dones, para que reconozcan que tienen atributos que los hacen competentes para determinadas áreas. Ayúdalos a que interactúen y afiancen vínculos con amigos que tengan un estilo de vida saludable y conozcan a Jesús.

En cuarto lugar, en caso de que te confíen que se sienten atraídos por su mismo sexo y que han mantenido alguna relación con alguien, **es necesario que mantengas la calma, y que no los juzgues ni los avergüences**. Ya de por sí ellos sienten remordimiento y vergüenza, y si te están abriendo su corazón es porque se encuentran en una búsqueda desesperada por ser libres. ¡Hazles sentir que los aprecias, que tienes altas expectativas con sus vidas, y que Dios los ama por encima de todo!

En quinto lugar, **incorpora en tu grupo de adolescentes a adultos referentes que colaboren en la labor de discipulado**. Es fundamental realizar un trabajo intergeneracional, a fin de establecer marcos de referencia para los adolescentes. Recluta hombres y mujeres que les modelen una fe sincera, una vida íntegra, y les muestren el camino hacia la vida adulta. Que les enseñen cómo ser novios, esposos, padres, líderes, e hijos de Dios. Recuerda lo que ocurrió con Timoteo. Él aprendió su fe de su abuela y de su madre. Por eso Pablo le dice: *«Traigo a la memoria tu fe sincera, la cual animó primero a tu abuela Loida y a tu madre Eunice, y ahora te anima a ti...»* (2 Timoteo 1.5). Timoteo necesitó a estas dos mujeres adultas para construir su fe, y fue un buen discípulo de ellas. ¡Todos los adolescentes necesitan tener en sus vidas buenos referentes, y poder poner la mirada en personas dignas de ser imitadas, que sean honestas, consecuentes, y coherentes con sus dichos y acciones! Las nuevas generaciones necesitan seguir el ejemplo de aquellos que han avanzado primero en la carrera, y que demuestran su fe sincera en la forma en que viven y sirven a Jesús. Pablo mismo confirma la reputación de Timoteo cuando les escribe a los filipenses estas palabras: *«Pero ustedes conocen bien la entereza de carácter de Timoteo, que ha servido conmigo en la obra del evangelio, como un hijo junto a su padre»* (Filipenses 2.22).

Por último, te animo a que desarrolles programas y crees espacios para el fortalecimiento de las familias. Espacios que contribuyan para brindarles a los padres las herramientas adecuadas para educar a sus hijos en el proceso del desarrollo de la identidad sexual, así como también para afianzar los vínculos afectivos entre ellos y crear un ambiente propicio para el crecimiento espiritual de toda la familia.

Palabras de Adrián Intrieri

Si existen misterios en el desarrollo de nuestra vida, uno de los más complicados de comprender es justamente el que involucra la identidad sexual.

La adolescencia es una de las etapas de cambios más significativos. Cambios físicos, sociales, emocionales, y también sexuales. De hecho, uno de los cambios más sobresalientes durante esta etapa es el desarrollo sexual, que incluye también la búsqueda de la propia identidad sexual.

La identidad sexual esta conformada por:

1. **Identidad de género:** el sentido vívido y personal de ser masculino o femenino.
2. **Rol sexual:** actitudes y creencias de conducta masculina o femenina.
3. **Orientación sexual:** corresponde al tipo de atracción emocional y erótica hacia otros.

A su vez, existen diferentes tipos de orientación sexual:

1. **Heterosexual:** Las personas heterosexuales sienten una atracción romántica y física hacia el sexo opuesto.

2. **Homosexual:** Las personas homosexuales sienten una atracción romántica y física hacia personas de su mismo sexo.

3. **Bisexual:** Las personas bisexuales sienten una atracción romántica y física hacia personas de ambos sexos.

Algunas consideraciones a tener en cuenta

La construcción de la identidad sexual, que incluye la identidad de género, el rol sexual y la orientación sexual, no es una construcción sencilla. Requiere tiempo y moviliza diversos factores. Ningún libro podrá llegar a responder todo lo necesario sobre el tema.

Todo consejero debe estar prevenido y tener claro que esta no es una situación fácil de aconsejar. Lo que debemos recomendar es la ayuda profesional y experimentada, sin dejar espacios a posturas dogmáticas. Nunca olvidemos que estamos frente a un corazón que requiere comprensión. La mayoría de los adolescentes que piden ayuda en lo relativo a la construcción de alguna de las áreas de su identidad sexual, están esperando primeramente sentirse aceptados y valorados. Una actitud poco empática del consejero no logrará llegar al corazón del adolescente. No es fácil para el adolescente interpretar lo que le está sucediendo. Por eso, todo consejero que desee acompañar efectivamente a un adolescente confundido debe, ante todo, ser paciente y amoroso.

Recordemos también que la etapa de la construcción de la identidad sexual es algo dinámico. No es un caso cerrado, y por ello debemos evitar que los chicos tomen posturas rotundas y rígidas. Es posible encontrarnos con adolescentes que den por cerrado lo que les esta sucediendo. Son adolescentes que sufren, sintiendo que no pueden cambiar lo que sienten, y que entonces se abandonan a la angustia y desesperación. A esto hay que sumarle que la postura de muchos creyentes ha sido de juicio y de fomentar sentimientos de culpa, sin tener en cuenta la necesidad de comprensión y de ayuda que tiene un adolescente confundido.

Debemos reconocer, además, que hoy existe en nuestras comunidades la necesidad concreta de una educación sexual sana. La iglesia ha abandonado esta tarea, ¡y es imprescindible que se oiga nuestra opinión! De otro modo, dejaremos que las redes sociales, las experiencias personales, las opiniones mal informadas, y los medios de comunicación, sean los que fijen los parámetros para la construcción de la identidad sexual de nuestros los adolescentes.

Por último, cuando tengas que aconsejar a un adolescente que está atravesando dificultades en esta área de su vida, recuerda que:

- Los adolescentes buscan consejeros que puedan brindarles ayuda, y que los comprendan sin hacerlos sentir culpables.
- Los adolescentes buscan consejeros que puedan crear un espacio de sostén y de confianza. Recuerda que lo que no logremos nosotros, el mundo lo hará.
- Los adolescentes buscan consejeros que conozcan acerca de su problemática.
- Los adolescentes buscan consejeros que no rechacen a los que atraviesan por esta situación.
- Los adolescentes buscan consejeros que puedan escuchar incluso cosas difíciles de escuchar.

¡Sé tú el consejero que tus chicos necesitan!

Palabras de Esteban Obando

La identidad sexual es algo que aprendemos desde que somos niños. Hasta me atrevería a decir, sin ser absolutista, que esa identidad es construida en el hogar. Desde que nacemos somos enseñados a ser lo que somos. Es en casa donde al varón se le modela masculinidad y donde a la niña se le modela femineidad. Y no estoy refiriéndome a modelos machistas donde el «macho» es muy «macho» y la mujer se limita. Estoy hablando de modelos sanos, que le dan a la persona una identidad adecuada. Una identidad de acuerdo al plan y propósito de Dios.

Sé que al decir estas cosas me estoy enfrentando a toda una sociedad que predica la libertad de escoger y de actuar según el deseo de cada persona. Pero creo que el plan perfecto de Dios es que cohabiten juntos el varón y la mujer, cada quien con sus características únicas, de acuerdo a la forma en que Dios mismo nos creó. ¡Por eso nos dio una familia! Porque era su plan que un padre con una identidad sana y una madre con una identidad sana les modelaran tanto la masculinidad como la femineidad a sus hijos.

El gran problema hoy en día es que la generalidad de las familias no siguen el modelo bíblico de cómo una familia debería ser. No voy a adentrarme a criticar a nadie, ni a ningún modelo, porque no tengo esa autoridad. Pero sí puedo decir que las nuevas generaciones están recibiendo un mensaje distorsionado de cómo Dios pensó a la familia, y por ende están recibiendo un mensaje distorsionado de cómo Dios pensó la identidad sexual.

¿Qué podemos hacer entonces? ¿Cuál debería ser el papel del consejero y de toda la iglesia ante esta situación? Creo que nunca llegaremos a tener la influencia que tiene una familia de sangre, pero podemos acercarnos bastante, siendo una familia para muchas personas. ¡Es la iglesia la que deberá mostrarles y modelarles una identidad sana a las nuevas generaciones!

Seamos honestos: esto no se modela en una sesión de consejería. Ya desde el inicio del libro dijimos que la consejería que estamos proponiendo no es aquella donde el «paciente» saca cita y pretendemos arreglar su vida en una sesión de 50 minutos. Aquí estamos hablando de relaciones significativas, de tiempo de calidad, de una inversión a largo plazo... Sin embargo, el rol del consejero también debe incluir el modelar una identidad sexual adecuada para sus chicos.

¿Te has puesto a observar alguna vez cuántos de tus niños o adolescentes en la iglesia vienen de familias no tradicionales, rotas, o incompletas? Te garantizo que, si haces el ejercicio, te encontrarás con una realidad muy alarmante. Muchos varones, por ejemplo, no crecieron con su padre, por lo que no tienen realmente muy claro el modelo de masculinidad. Un joven en mi iglesia (a quien quiero mucho) viene de una familia con el padre ausente. ¡Y es interesante ver su dinámica conmigo! Él es casi 20 años más joven que yo, y a pesar de que yo soy su autoridad en la iglesia, para él es muy complicado respetar esa autoridad. Curiosamente, él no es así con mi esposa. A ella le tiene un gran respeto, y toma muy en cuenta las cosas que ella dice. Un análisis rápido de la situación te dirá que evidentemente desde su niñez este joven aprendió muy bien a sujetarse y a respetar al autoridad femenina (ya que fue su mamá quien lo crio, y lo hizo «a la antigua»), pero no ocurrió lo mismo con la autoridad masculina (ya que papá nunca estuvo en casa). Entonces un día este muchacho se encuentra llegando a una iglesia donde la autoridad principal es un valor, y su cerebro entra en conflicto. ¿Cuál es el trabajo que debemos hacer con este joven? Comprenderlo y enseñarle en amor, sin discriminación, que la autoridad ha de respetarse (sea varón o mujer) para que haya una dinámica adecuada.

Este es un ejemplo de cómo los adolescentes vienen ya «programados» para actuar de cierta manera, de acuerdo a como fueron enseñados (intencionalmente o no) desde niños.

La iglesia, entonces, de la mano con los consejeros, tiene que ayudar a modificar esta identidad hacia una más sana y funcional. ¿No te parece que es una responsabilidad enorme?

Hablemos ahora específicamente de la identidad sexual. Entendemos por identidad sexual a la percepción que alguien tiene de sí mismo en cuanto a sentirse hombre o mujer, en función de sus características físicas o biológicas. No soy genetista, así que no hablaré de eso, pero está claro que nacemos ya sea varón o mujer; no hay otra opción. Tampoco es la intención de este libro ahondar en aquellos casos, muy particulares, donde hay algún tipo de alteración en la fisiología de un individuo. Estoy hablando de lo general, de lo que casi siempre sucede. Por eso decimos que el ser humano es un ser sexuado, es decir, es un ser que nace con uno de los dos diferentes sexos, hombre o mujer.

Ahora bien, es desde este punto de vista que en la iglesia enseñamos lo que Dios quiere referente al género de cada persona. Si en la iglesia hubiera personas que modelen bíblicamente la forma de actuar y de hablar referente a su sexo, no necesitaríamos nada más. No habría necesidad de enseñanzas ni de predicaciones al respecto. ¡El ejemplo es un arma tan poderosa que sería todo lo que un niño o adolescente necesitaría!

Si en casa no se da esa educación adecuadamente, es la iglesia la que debería dar ese ejemplo. Deberíamos enseñar allí que el varón también abraza y dice «te amo». Que respeta y honra a la mujer. Que está bien para un varón mostrar el lado sensible, pero que también puede tomar cartas en el liderazgo y sacar adelante un dilema. Que puede levantarse de la mesa y servirle un plato de comida a su esposa, y que esto no afecta en nada su masculinidad. Deberíamos enseñar en la iglesia que la mujer también abraza y dice «te amo». Que respeta y honra al varón. Que está bien para una mujer mostrar el lado sensible, pero que también puede tomar cartas en el liderazgo y sacar adelante un dilema. Que puede levantarse de la mesa y servirle un plato de comida a su esposo, y que esto no refleja para nada indicios de machismo. ¡La iglesia está conformada por personas de distinto sexo que se aman y se sirven el uno al otro!

La iglesia, entonces, se vuelve un lugar de educación sexual. No solo desde el punto de vista genital o reproductivo, sino de la identidad que Dios diseñó para la raza que él mismo creó. Si logramos hacer de la iglesia un lugar donde nos protegemos y nos enseñamos, sin filosofías machistas ni feministas, sino desde el punto de vista de que tenemos el mismo valor aunque diferentes funciones y formas de ser, entonces estaremos influyendo a muchas personas para que, más adelante, ellas puedan reproducir un modelo de sexualidad bíblico, sano, funcional, y pleno.

Por esta razón, es muy importante que haya hombres y mujeres con familias sólidas que puedan funcionar como «padrinos» y ejemplos para los adolescentes que no tienen eso en su casa. ¡Anímate a involucrar en tu ministerio gente que pueda modelar estas cosas a los más jóvenes!

«Mi media naranja»

Finalmente, quiero recordarte que en nuestros medios muchas veces hemos escuchado la expresión «encontrar mi media naranja», la cual implicaría que los solteros son personas incompletas que necesitan encontrar a ese alguien especial, preparado para él o ella, de modo de poder llegar a ser seres completos. ¡Tenemos que modelar estas cosas correctamente en la iglesia! Debemos hacerles saber a los solteros que ellos, en Jesucristo, están completos. Como dice Colosenses 2.10: *«...y en él (Jesús), que es la cabeza de todo poder y autoridad, ustedes han recibido esa plenitud (están completos)»*.

Solteros o casados, si estamos en Cristo, estamos completos. Menciono este tema porque muchas veces afecta a los solteros, que creen que algo sucede en su identidad sexual por no tener pareja. Tienes el gran reto de formarles el criterio de que ellos solos ya están completos en Cristo, y de que no necesitan que alguien venga a llenar ningún vacío. La pareja que ellos eventualmente consigan será para compartir la plenitud, no para alcanzarla.

capítulo 15

Vocación

Palabras de Karen Lacota

¿Y ahora qué voy a hacer con mi vida? ¿Qué camino debo tomar? ¿A qué me dedicaré? **¿Cuál es mi vocación? ¿Cómo puedo descubrirla? ¿Puedo tener más de una vocación? ¿Y si no tengo ninguna vocación, qué puedo hacer?**

Cuando se va acercando el fin de la escuela secundaria, éstos y otros interrogantes comienzan a llenar los pensamientos de los adolescentes. De hecho, luego de finalizar la secundaria varios aún no tendrán claro qué profesión elegir. Y esta desorientación puede generarles muchas angustias, preocupaciones y temores.

El ayudar a los adolescentes a descubrir su vocación es, en realidad, una tarea extraordinaria que involucra a todos aquellos que están comprometidos con su formación Y como líderes o consejeros, podemos ser de gran ayuda si les brindamos las herramientas y los guiamos adecuadamente en el difícil camino de elegir su vocación o llamado.

En este punto es importante que les enseñemos que Dios nos extiende dos llamados: el primero, a la salvación, y el segundo a contribuir para que el reino de Dios se extienda sobre la Tierra.

He acompañado a muchos estudiantes de secundaria en su tiempo de selección de una carrera universitaria. Y durante este proceso he comprobado que, si no los guiamos hacia Jesús y a conocer su propósito divino, se centrarán en obtener un título académico sin tener en cuenta si responde, o no, al plan de Dios para sus vidas. Incluso muchos chicos y chicas, aun teniendo vocaciones específicas, optan por otras carreras por las razones incorrectas (por ejemplo, por una mayor retribución económica, o por la presión de familiares y amigos).

El término «vocación» tiene en verdad una connotación muy fuerte, y más aun debería tenerla en el caso de chicos y chicas cristianos, ya que no solo se trata de elegir qué carrera universitaria seguirán, o cuál será su medio de sustento para la vida. Desde una perspectiva cristiana, la vocación también tiene que ver con el llamado de Dios para sus vidas. De hecho, esta palabra también se utiliza como sinónimo de «llamamiento» o «convocación». De ahí la importancia de ayudarlos a identificar sus dones y talentos. Así como las huellas digitales que poseemos son únicas, el llamamiento también es único e irrevocable... *«porque las dádivas de Dios son irrevocables, como lo es también su llamamiento»* (Romanos 11.29).

En nuestro trabajo de consejería, de acuerdo a las circunstancias que envuelven al adolescente, será oportuno entonces propiciar espacios para el diálogo respecto a sus intereses, dones y talentos. Puedes tener preparado un cuestionario con preguntas similares a las que presentan Tim Clinton y Chap Clark en su libro *«Consejería bíblica»* (tomo 3):

1. ¿Qué es lo que te apasiona? ¿Cuáles son los intereses que te hacen levantarte de la cama por la mañana?

2. ¿Qué logros y triunfos has conseguido hasta la fecha? (Anota incluso las victorias y los éxitos más pequeños).
3. Describe tu personalidad y temperamento. ¿Qué te gusta hacer?
4. ¿Qué clase de trabajo te atrae?
5. ¿Te gustan las tareas manuales?
6. ¿Crees que preferirías el trabajo social, relacional o político?
7. ¿Piensas que un empleo exigente sería lo tuyo?
8. ¿Qué nivel educativo estás dispuesto a alcanzar?
9. ¿Quieres ser tu propio jefe o trabajar para otra persona?
10. ¿Te gustaría trabajar solo o como parte de un equipo?
11. ¿Deseas realizar un trabajo de oficina?
12. ¿Quieres trabajar delante de una computadora o hablando por teléfono?
13. ¿Qué me dices de algún tipo distinto de ocupación, tal como un trabajo manual u otro que no requiera educación universitaria?
14. ¿Cómo encajan tus intereses en las necesidades del mercado laboral de hoy?
15. ¿Cuánto sabes en realidad acerca de las posibilidades profesionales que estás considerando?
16. ¿De qué maneras crees que podrías investigar las opciones profesionales que te planteas?

También puedes preguntarles si les gustaría trabajar desde sus casas realizando diseños, publicidad, u otras cosas similares.

Averigua qué cosas los motivan, y si estarían dispuestos a pasar largas horas estudiando después de las clases en la universidad. Pregunta también cómo y quién solventaría los costos de su carrera, y si necesitarán trabajar para poder estudiar. Existen carreras que requieren una dedicación de tiempo completo, y que por lo tanto impiden que los jóvenes puedan trabajar mientras estudian. Por eso es importante hablarlo antes, y que consideren todas las posibilidades y los factores intervinientes. También puedes sugerirles que escuchen los puntos de vista de profesionales que se encuentran actualmente trabajando en el rubro, así como también de estudiantes que actualmente están cursando en la universidad, para conocer mejor la realidad a la que se enfrentarán.

Por otro lado, puedes tener una lista de habilidades que hayas observado en él o ella, para ayudarlos a identificarlos en caso de que no lo hayan hecho, o para afianzar su percepción positiva de sí mismos. También puedes preguntarles a sus padres, hermanos, y amigos qué aspectos destacados de su personalidad y de sus destrezas observan.

Ahora bien, ¿cómo puedes ayudar a los adolescentes a tomar decisiones bien fundamentadas respecto a su vocación? A continuación encontrarás algunas ideas que pueden servirte como guía durante la consejería:

- Ayuda a los adolescentes a identificar la carrera universitaria que les interesaría seguir. Formúlales preguntas que les ayuden a listar sus motivaciones para esta elección.
- Oriéntalos a revisar si sus cualidades o características distintivas van acorde con la carrera elegida.
- Considera la posibilidad de que realicen alguna pasantía laboral en el rubro que les interesa.

- Los tests vocacionales son herramientas que a veces resultan de gran utilidad. Puedes sugerirles a tus adolescentes que recurran a algún orientador vocacional o profesional en psicología.

- El asistir a cursos, talleres, seminarios y actividades afines a sus intereses, ayudará para que conozcan más de esa carrera o rubro, a fin de que corroboren si es realmente lo que pretenden para su futuro.

- Se debe siempre considerar la opinión de los padres, porque ellos conocen bien a su hijo o hija. Aunque sin permitir que los padres decidan por su futuro, o condicionen al adolescente a seguir una carrera para la cual él o ella realmente no sienten el llamado.

- Puedes invitar a profesionales de diversas ramas para que hablen y compartan su experiencia de estudio y de trabajo con el grupo de adolescentes.

- También puedes organizar actividades de servicio comunitario en beneficio de tu barrio o de la propia congregación. A veces uno descubre sus talentos y habilidades especiales sirviendo a otros.

- Equípate con libros y recursos que te ayuden a crear espacios y experiencias significativas que lleven a los adolescentes a conocerse mejor a sí mismos, sus gustos, tendencias e intereses.

El proceso de desarrollo de la vocación puede durar toda la vida, pero es en esta etapa de la adolescencia donde la presión familiar, la insistencia de los amigos que ya han tomado sus decisiones al respecto, y la suma de situaciones que se irán dando en el último año de la secundaria, todo traerá una ansiedad que podría incluso llevar a un adolescente a vivir periodos de depresión, ansiedad y angustia. Tu labor es importantísima, ya que es muy probable que en muchos casos nadie más los esté orientando intencionalmente para que descubran el llamado de Dios para sus vidas.

Palabras de Esteban Obando

¿Para qué meternos en líos? ¿No es esta acaso una función de la escuela de los adolescentes, o de las familias? ¡No! Si afecta a nuestros adolescentes, ¡es parte de nuestra función! Sin caer en el síndrome del «Mesías», ¡tenemos que dar alguna ayuda!

El tema de la vocación en los adolescentes es crítico y debe ser abordado de una manera muy intencional y seria, porque la vocación tiene que ver con la percepción de ellos mismos en el mundo. Esta se forma de muchas maneras, y la iglesia también debe de ser una facilitadora para que los chicos y chicas encuentren su función en este mundo.

Parte del desarrollo normal de un adolescente tiene que ver con la identidad, la cual se relaciona en gran manera con el poder responder adecuadamente a la pregunta: «¿Qué quiero hacer cuando sea mayor?» Y en el caso de chicos cristianos, una pregunta existencial que tienen ellos es: «¿Qué quiere Dios de mí?». El problema es que, a mi modo de ver, esto es muchas veces un obstáculo, en cierta manera, para las decisiones que ellos deben tomar. Toda una generación ha creído que cada decisión que tomamos en la vida debe ser dirigida por Dios. Y no me malentiendas. Solo quiero decir que por algo Dios ha dispuesto en nuestras vidas la capacidad de decisión. No creo que Dios quiera que le pidamos que nos diga qué hacer en absolutamente todas la decisiones que tomamos en la vida. Tenemos «libertad de escoger». Y cuando dejo claro en mi vida y en la de mis adolescentes que está bien que yo tome decisiones basadas en buenos principios, se abre una ventana de oportunidades para mis chicos...

Cuidado, no me malinterpretes. No creo que esté bien que tomemos decisiones sobre *todo*. Hay muchas cosas en las que la Biblia es enfática, y reglas que Dios las ha puesto allí para nuestra protección. Tales cosas no deben discutirse. No podemos decidir nosotros si están bien o mal. Dios estableció ciertas reglas, y estas deben seguirse para que nos vaya bien. Y punto. Pero por otro lado, hay otros miles de cosas sobre los que Dios no nos da luz respecto de cómo decidir. ¡Lo que sí nos dio son principios bíblicos y neuronas en nuestra cabeza! Y ahí es donde entra aquello que dije antes, de que «está bien que decidamos nosotros».

He escuchado a muchos chicos hacer la pregunta: «Dios, ¿qué quieres de mi? ¿Qué quieres que haga de mi vida?» Debemos dejarles en claro a nuestros chicos que hay cosas que Dios ha definido en cuanto a lo que Él quiere para nosotros (como el evangelismo, crecimiento y madurez, discipulado, servicio, adoración, etc.) pero que en ningún pasaje de la Biblia se nos habla puntualmente acerca de la carrera o vocación que Dios quiere que escojamos.

La realidad es que en muchos casos el joven no quiere tomar esa decisión por lo difícil que es. Por eso parte de la responsabilidad que tenemos como consejeros es animarlos y orientarlos en este sentido.

Mentiras del futuro

En su libro: *«¿Y qué voy a hacer con mi vida?»*, Diane Lindsey describe algunos mitos que la gente tiene en materia de vocación. Estos mitos están presentes en la cabeza de muchos adolescentes como una regla no escrita, y lamentablemente los afectan a la hora de escoger una profesión. Algunos de estos son:

1. **Cuando Dios quiera que conozcas su voluntad para tu vida, Él te enviará el plan dentro de un sobre con entrega especial, a través de un mensajero alado.** Este punto es capcioso, ya que Dios SÍ nos ha dado un sobre especial. Se llama Biblia. Pero, tal como lo mencionamos anteriormente, esta no dice nada de mi carrera y además no es de revelación privada. Esa revelación que el joven espera, con nombre y apellido, detallando cada cosa que Dios quiere de nosotros y con el plan paso a paso, posiblemente nunca vendrá. Los detalles de su vida (a menos que Dios determine otra cosa) tendrán que ser decididos por el muchacho.

2. **Descubrir la voluntad de Dios es un asunto de una sola vez y para siempre: descúbrela ahora y lo tendrás solucionado para el resto de tu vida.** A muchos cristianos nos asusta la palabra *evolución*, así que la usaré con cuidado... Nuestra vida evoluciona, y lo que hacemos con ella también. Tú no eres el mismo que eras hace 5 años, y te garantizo que no serás el mismo dentro de 5 años más. Así que está muy bien que hagas planes, pero debes ser flexible para cambiarlos si algo sucede en el camino. La voluntad de Dios no cambia, pero si la forma en la que la vivimos. Puede ser que ahora trabajes con adolescentes, pero que el día de mañana desarrolles un amor por los niños. El objetivo final es el mismo, el servicio, pero el ambiente de trabajo cambia, y con eso el entrenamiento, las estrategias, y, evidentemente, tu público meta. Si hoy crees que conoces lo que vas a hacer por el resto de tu vida, no te descuides. El mañana es incierto, y puede traer sorpresas.

3. **Existe un solo camino para llegar a donde Dios quiere que estés: si te extravías en algún recodo, habrás**

perdido el camino correcto irremediablemente. Este mito genera un temor espantoso. Si me equivoco en una elección, estaré perdido. He conversado con adultos que a sus 32 años me hablan del tema de la vocación... Para ellos la decisión no puede tardar, pero ¿qué hay de tu chico de 17 años? ¿O por qué creemos que si un chico de 19 años decide cambiar de carrera, su vida terminó? ¿Por qué hablamos de que «perdió tiempo» y no lo vemos como parte de su educación? Creo que sí deberíamos preocuparnos si el chico ya va por su décima carrera y aun no se decide. Pero al resto, es importante decirles: «¡Adelante! Si te equivocas, no pasa nada. Solamente cambia de camino y vuelve a intentarlo...»

4. **Si eres buen cristiano, servirás a Dios a tiempo completo: ministro, pastor de jóvenes, misionero, o maestro de escuela dominical. No importa en qué, siempre y cuando estés trabajando en el ministerio a tiempo completo.** No permitas que se les imponga una gran carga a tus chicos en cuanto a su «éxito espiritual». El éxito espiritual (si es que existe tal término) es nada más y nada menos que hacer la voluntad de Dios. Esta se puede hacer en la iglesia o en la oficina. En la calle o en el consultorio. No importa donde estés, no necesitas un titulo eclesial para hacer la voluntad de Dios. No hay carreras más espirituales que otras, solo gente más espiritual que otra. El ser pastor, ministro o misionero no quiere decir que uno se haya ganado el favor de Dios (y escribo esto con mucho respeto, ya que soy pastor). El favor de Dios se gana con un corazón obediente.

5. **Descubre la voluntad de Dios y eso te garantizará el éxito. El camino que recorras nunca presentará dificultades.** La vida cristiana no debe ser sencilla. La Biblia menciona una y otra vez que se sufre por ser cristiano (2 Tim. 2.3, Juan 16.33, 1 Pedro 4.12-16). En cualquier camino que

tome, tu chico tendrá grandes retos que enfrentar. Enséñale que está bien pasar tribulación. Enséñale que es parte de la vida, y que Dios estará allí para ayudarlo. Esta ayuda puede que no sea la resolución del conflicto, pero sí la presencia divina en la vida del joven. Nunca consideres que las pruebas sean una evidencia contundente de estar caminando por una vía equivocada. Dios utilizará cualquier situación para hacernos crecer y madurar.

¿Qué podemos hacer desde la consejería?

Para terminar, te dejo aquí algunas ideas y sugerencias prácticas para ayudar a tus chicos y chicas cuando estén trabajando el tema vocacional:

Dones:

No puedes iniciar ningún consejo vocacional si no conoces los dones de tus muchachos. Un error muy común es saltarse esta etapa e ir directamente a lo que les gusta, o a lo que creen que les dará más dinero. Dios los creó con talentos, y es importante contemplarlos al hacer las elecciones vocacionales. Uno de los problemas que vemos a diario con los chicos en las universidades es que están frustrados en sus estudios, y en muchos casos esto se da porque no están desarrollando sus verdaderos dones. La realización vocacional consiste en poner en práctica aquello que naturalmente tenemos dentro. Si el don de su chico es la enseñanza, posiblemente pasará frustrado toda su vida si tiene que trabajar frente a una computadora, pero encontrará realización personal dando clases frente a un grupo de niños o jóvenes.

El punto aquí es saber exactamente cuáles son las cosas que naturalmente tu adolescente hace bien, sus talentos, sus dones, sus habilidades... Para esto puede ser muy útil conseguir algunos tests de aptitudes. Puedes conseguirlos en la Internet, o con algún orientador en la secundaria más cercana. Haz todas estas pruebas con tu grupo, pero asegúrate de no poner en ello la presión de un examen de universidad. ¡Este proceso de autodescubrimiento debe ser ameno y divertido para tus chicos!

Principio de unidad:

¿Por qué batallar solos? Es muy sabio hacer alianzas y trabajar en equipo cuando se toman decisiones tan importantes. Gran parte de los líderes juveniles aún están estudiando, y les falta experiencia en el tema de vocación. ¿Por qué no buscas personas que tengan más experiencia que tu? El orientador de la secundaria de tus jóvenes es un buen recurso para esto. Solicita una entrevista con él o ella y explícale tus intenciones. De seguro tendrá consejos y material para darte.

¿Y qué hay de todos las personas en tu iglesia que trabajan en algo relacionado a lo que tu chico o chica quiere estudiar? ¿Por qué no les hablas para que ellos le den un panorama más amplio de la realidad laboral?

¿Y qué hay de los padres de tus adolescentes? Si ellos saben de tu genuino interés por sus hijos, de seguro te van a querer extender sus manos en ayuda para lo que necesites. ¡Es cuestión de buscar!

Se honesto con ellos, y muéstrales la realidad:

Los adolescentes y jóvenes naturalmente creen que el mundo es SU mundo. Y en muchos casos aún no se han dado cuenta que la realidad es mas dura que el ambiente en el que se han criado. Hay muchos casos en que los chicos estén acostumbrados a vivir con sus padres, quienes les pagan sus estudios, su teléfono, la Internet, la comida, los servicios básicos, y sus placeres de adolescentes... y aquí es necesario un cambio de perspectiva. Ellos deben prepararse para el futuro, y para ello deben conocer a lo que se enfrentarán, tanto en la universidad como en la vida. Busca personas que trabajen en las áreas de interés de tus chicos y pídeles si es posible ir a verlos trabajar por una o dos horas. Que tus jóvenes vean con sus propios ojos, y no por un discurso o charla, cómo es un día en la vida real. Y hazles pensar también en cómo será el independizarse económicamente de sus padres cuando sean mayores.

En esta etapa puedes además orientarlos para que asistan a ferias vocacionales y de universidades. Ellos tendrán un panorama más amplio cuando vean en realidad cuantos jóvenes como ellos están tomando las mismas decisiones. En estas ferias, además, encontrarán los planes de estudio de cada carrera, que consisten en un resumen de todas las materias individuales que tendrán que aprobar antes de poder graduarse en su carrera. Y podrán también comparar las opciones que les ofrecen las distintas universidades.

Mapa de vida:

Esta sencilla técnica consiste en poner en papel todo lo que se necesita para ir de un punto a otro. Los puntos representan, en este caso, donde está tu chico ahora, y dónde estará el día que se gradúe de su carrera. Es muy posible que los adolescentes estén solo pensando en el día en que recibirán su título, pero debes mostrarles también todo lo que se requiere para llegar hasta ese momento. Mira lo que dice la palabra de Dios en Lucas 14.28-32:

> *«Supongamos que alguno de ustedes quiere construir una torre. ¿Acaso no se sienta primero a calcular el costo, para ver si tiene*

suficiente dinero para terminarla? Si echa los cimientos y no puede terminarla, todos los que la vean comenzarán a burlarse de él, y dirán: 'Este hombre ya no pudo terminar lo que comenzó a construir.' O supongamos que un rey está a punto de ir a la guerra contra otro rey. ¿Acaso no se sienta primero a calcular si con diez mil hombres puede enfrentarse al que viene contra él con veinte mil? Si no puede, enviará una delegación mientras el otro está todavía lejos, para pedir condiciones de paz.»

¡Es importante enseñarles a los adolescentes a planificar sus vidas! Es necesario ayudarlos para que tengan una visión más detallada, y más objetiva, de la realidad. Y este mapa puede servir para recordarles el camino y para que comprendan mejor que lo que hacen hoy puede sumar o restar para el resultado final.

Supongamos que tu chico quiere ser profesor de artes. Entonces, su mapa de vida (recuerda que puedes orientarlo y ayudarlo pero debe escribirlo él, no tú) puede ser así:

Tomen un pliego de papel grande. En un extremo del papel dibujen un círculo que indique donde está él en este momento. En el otro extremo del papel dibujen otro círculo que indique dónde quiere estar al final de su carrera. Traza una línea de círculo a círculo, y marca en ella el tiempo que transcurrirá (4, 5, o 6 años). Esto le dará una idea al adolescente o joven de que todo esto es un proceso, no solo una emoción de un día. Luego pueden dividir esa línea en etapas, que pueden ser trimestres o semestres, depende de cómo sea el sistema en la universidad a la que planea asistir. Pueden incluso poner en cada división las materias que él debe aprobar para poder seguir adelante. Debajo de esta línea, escriban todas aquellas cosas extras que hoy realiza, y piensen si es posible seguir llevándolas adelante. Acá deben incluir cosas como el grupo juvenil, relaciones sentimentales, la iglesia, los amigos, deportes, hobbies... ¿Habrá algo a lo que deba renunciar?

Traten de hacer el mapa de vida de la manera más creativa y significativa posible. Recuerda que el mapa es de tu chico. El mapa no debe tener todos los elementos completos, ni los detalles hasta el más mínimo, pero es una representación gráfica de lo que va a suceder. Si tu chico se anima, puede después pegarlo en la pared de su habitación, donde pueda verlo todos los días para mantenerse enfocado en lo que está haciendo. Como todo mapa, ¡puede ser muy útil para recordar el destino final y para no perder el rumbo pase lo que pase en el camino!

capítulo 16

Bullying

Palabras de Adrián Intrieri

Sé libre de lo que te molesta

Ante todo, necesitamos definir correctamente qué es *bullying*. No toda acción violenta es bullying. Para que algo se convierta en bullying es necesario que se trate de una situación de acoso permanente, de agresión reiterada, de ataque sistemático y constante donde el adolescente se encuentra paralizado y silenciado. Si estamos frente a una situación de violencia donde el adolescente reacciona, en cualquier forma, entonces no sería bullying sino violencia. En este sentido, el bullying es peor... porque es silencioso, porque paraliza y destruye sin que nos demos cuenta.

Es importante que sepas también que muchos adolescentes se sienten culpables por ser victimas del bullying. Es como que se hacen un autorreproche por no haber podido encontrar el camino para defenderse. Creen que algo en ellos no funciona bien, y esto a su vez les produce un fuerte sentimiento de odio que vuelcan en sí mismos, o en Dios, o en su familia...

Mientras más tiempo pase un adolescente siendo víctima de cualquier situación agresiva, más fuertes serán todos aquellos sentimientos que lo debiliten. Por eso es imprescindible que comprendamos que no solo es importante identificar por qué suceden las cosas sino también cómo liberarse de ellas.

Debemos recordarles a nuestros adolescentes que los seres humanos somos los únicos entre todos los seres vivos que podemos elegir modificarnos a nosotros mismos. Podemos decidir ser peores o mejores de lo que somos. Y decidir ser lo mejor que podamos ser incluye enfrentar nuestras debilidades y superar nuestros problemas. ¡Que sepan que cuentan con tu ayuda para acompañarlos en el proceso!

Ideas prácticas para preparar a tus adolescentes para enfrentar el bullying

1. **Tener en cuenta que los comienzos suelen ser sutiles.**

   Debemos enseñarles a nuestros niños y adolescentes a ser proactivos ante el bullying, ya que todo comienza con pequeñas señales. Que no permitan las pequeñas burlas o desprecios, hacia ellos o sus compañeros. Que sepan poner límites a estas conductas rápidamente.

2. **Rodearse de amigos.**

   Los amigos están para acompañarnos y hacer de la vida un tiempo de alegría. Por eso es que es tan importante tener buenos amigos y compartir con ellos lo que nos sucede. Debemos recomendarles a los padres que fomenten espacios de amistad para sus hijos. Juntarse con familias afines puede ser una buena idea.

Si un niño no tiene amigos, debemos aconsejarle para que los tenga. Incluso podemos hablar con sus maestros para que nos ayuden en esto. Existen muchas personas solitarias que sufren profundamente por la falta de compañía. Estar cerca de amigos, además, les ayudara a sentirse protegidos. Los agresores suelen ser cobardes frente a los grupos. Por eso suelen atacar cuando encuentran a sus víctimas solas.

3. **Compartir lo que nos sucede con los adultos.**

   Es muy importante que los adultos tomen conciencia de la ayuda que necesitan los adolescentes, y que sepan que están obligados a efectuar acciones concretas tanto en las escuelas o colegios como en los clubes o vecindarios frente a la más mínima señal de violencia o de bullying.

   Debemos enseñarles a los adolescentes que pueden confiar en los adultos y compartir con ellos lo que les sucede, pero también debemos asegurarnos de que algo se haga con lo que ellos comparten. Para esto hay que instruir a todos aquellos adultos que estén en contacto con adolescentes, para que sepan cómo responder y cómo actuar frente a estas situaciones.

4. **No dar nada por sentado.**

   Ayudemos a los adolescentes que hayan sido víctimas o testigos de bullying a que puedan explicar con detalles lo sucedido y cómo les afectó. Que se no queden con sentimientos guardados dentro suyo. Y nunca menospreciemos lo que nos cuenten.

5. **Saber que nunca somos merecedores del bullying.**

No existe ni existirá jamás algo que justifique el bullying. Los adolescentes no deben creerle a la lógica del atacante. El problema es del agresor, no de la victima.

6. **No pagar con la misma moneda.**

Nunca es una buena idea tratar de convertirnos en algo que no somos. No cualquiera puede ser agresivo, sino solo aquel que puede serlo por sus debilidades y conflictos. ¡Gracias a Dios que nosotros no lo somos! Además, con violencia solo aumenta la violencia. Debes ayudar a tus adolescentes a que puedan enfrentar la tentación de hacer lo mismo que los agresores, devolviéndoles más agresión. Anímalos a que puedan vencer el mal con el bien.

7. **No tratar de convencerlos.**

Cosas como: «Por favor, no me trates mal» o «Detente, te lo ruego» son frases que un agresor no comprenderá. La lógica de reconocer el dolor que uno les produce a los demás, es una lógica desde la salud. El que es agresivo no reconoce ni tiene en cuenta lo que produce en los demás. Al decir estas cosas solo lograremos que lo disfrute aun más, porque entenderá este pedido de «piedad» como un acto de debilidad. No debemos tratar de cambiar al agresor desde el lugar de la víctima. No es su tarea, y no funcionará. Para modificar las conductas del agresor será necesaria la intervención de adultos preparados y capacitados para ello.

8. **Restarle poder.**

Cuando la víctima sufre, el agresor se siente más poderoso. Cuando el agresor logra aislar y silenciar a la victima, siente que está siendo efectivo. Su propósito es hacer infeliz a alguien. Por esta razón, el no demostrar que sus acciones nos afectan es una buena decisión. Debemos aconsejar a los adolescentes que no le respondan al agresor, justamente porque este está esperando que reaccionen. Lo que sí deben hacer es buscar algún adulto que pueda detenerlo.

9. **Salir no solo de la agresión sino también del daño en el corazón.**

   El bullying no solo es agresión y acoso, sino que también hiere la autoestima del adolescente. Debemos acompañar al adolescente para que identifique y deseche las mentiras que se siembran en el bullying, y así evitar que se llene de bronca o resentimiento. Y ayudarlo a que pueda restaurar su corazón. Si logra esto, ¡habrá vencido!

Palabras de Karen Lacota

Cuenta una fábula que, durante la Edad de Hielo, los animales morían a causa del frío. Ante tal situación, los erizos decidieron hacer frente al frío con una sencilla estrategia: agrupándose. De esa manera, según el plan, se abrigarían y se protegerían los unos a los otros. Sin embargo, las puntiagudas espinas de los erizos herían a los otros erizos que estaban a su alrededor. Entonces decidieron separarse de nuevo, lo que produjo la muerte de varios. Para evitar más muertes por congelamiento, decidieron volver a unirse, pero esta vez resolvieron que cada uno aceptaría las espinas de su compañero... ¡ya que en caso contrario morirían todos! Así, con sabiduría, se unieron, y aprendieron a convivir con las pequeñas heridas que la relación con alguien cercano podía ocasionar, ya que habían descubierto que lo más importante era poder recibir el calor del otro. Gracias a esto lograron sobrevivir.[1]

A partir de esta fábula podemos conversar con nuestros adolescentes para que comprendan que la mejor relación no es aquella que une a personas perfectas, sino aquella en la que cada individuo aprende a lidiar con los defectos de los demás y a apreciar sus cualidades.

De seguro habrás notado que muchos de los adolescentes a los que acompañas carecen de las herramientas necesarias para relacionarse correctamente consigo mismos y con los demás. Por eso es fundamental que les enseñes a ser empáticos, solidarios y respetuosos, a confrontar las situaciones adecuadamente, a expresar sus sentimientos y estados de ánimo, a perdonar, a reconocer sus faltas y a hacer frente a las consecuencias de sus acciones, para que puedan construir relaciones sanas con otras personas y enfrentar las dificultades que se les presenten a lo largo de la vida.

En su libro *«Depredador escolar, bully y ciberbully»* Alejandro Castro menciona que el bullying o acoso escolar es un tipo de violencia que se produce en el ámbito de las relaciones entre estudiantes, independientemente de la forma de agresión que se utilice, cuyas características son la intencionalidad, la persistencia en el tiempo y el abuso de poder.

Los adolescentes se encuentran en entornos donde se requiere la utilización de sus habilidades emocionales, cognitivas y de relacionamiento interpersonal, porque dependerá de ellas el que sus relaciones sean efectivas. Uno de estos entornos es la escuela, el principal espacio de interacción con otros después de su hogar. Por lo tanto, no es de extrañar que la mayor parte de sus conflictos se originen ahí.

---

1 Castro, A. 2012. Conflictos en la escuela de la era digital. Argentina. Editorial Bonum.

Muchos de los adolescentes a quienes acompañas pueden estar involucrados en alguna forma de agresión dentro de sus escuelas, ya sea como agresores, víctimas o espectadores. El problema es que por lo general se pone mucho énfasis en ayudar a las víctimas, sin atender o identificar a quienes son los victimarios y los espectadores (quienes suelen no intervenir para detener y denunciar el acto de hostigamiento o daño). Al igual que las víctimas de acoso escolar deben ser asistidas y acompañadas con prontitud por los efectos peligrosos que produce el maltrato sobre ellos, también es necesario intervenir y ofrecer ayuda a aquellos que ocasionan dolor y se deleitan con el sufrimiento ajeno, es decir, a los agresores, y a aquellos que, siendo testigos de esto, permanecen impasibles sin ayudar ni denunciar. Es sabido que el bullying tiene consecuencias sobre todos los actores involucrados, por lo que se requiere una intervención inmediata para ayudar a cada uno de ellos.

Por otro lado, si tú no te encuentras dentro de un entorno educativo, tu contribución será la de detección, contención y prevención. ¡Tu rol como consejero podría ser fundamental para la intervención en casos de violencia escolar o bullying! Muchos de los adolescentes a los que asistes tal vez te cuenten más a ti que a cualquier otra persona, gracias al vínculo de confianza que has formado.

¿Qué acciones concretas puedes realizar desde tu lugar? A continuación te van algunas sugerencias...

Presta atención a los indicadores del acoso escolar

Es importante que atiendas al comportamiento del adolescente cuando manifiesta algún tipo de indicador verbal o no verbal de estar siendo partícipe en alguna forma de violencia escolar o de bullying. Tu trabajo en esta primera fase será el de detectar comportamientos y actitudes de riesgo, a fin de ayudar al establecimiento de límites, cuidado y contención. Entre los indicadores de acoso escolar que podrían presentar tus adolescentes se encuentran:

- **La víctima:** suele evidenciar ansiedad, inseguridad, sensibilidad e introversión, baja autoestima y tendencia a culparse por los problemas. Esto puede llevarlo a reacciones que van desde el fracaso o el abandono escolar, hasta ideas suicidas o la intención de tomar represalias contra sus victimarios.
- **El agresor:** suele tratarse de un adolescente belicoso con sus amigos y compañeros, que presenta una actitud violenta y usa medios violentos contra otros, impulsivo y con una necesidad tremenda de dominar a otros, que muestra poca empatía hacia los demás y que generalmente tiene una opinión positiva de sí mismo (al menos superficialmente).
- **El espectador:** suele ser reservado en cuanto a lo que ha presenciado por temor a que también lo agredan, o por presentar una actitud indiferente ante los demás. Puede que reconozca el daño, pero que se mantenga en silencio. En algunos casos el espectador se divierte observando la agresión porque no dimensiona los efectos sobre la víctima.

Como ya dijimos, el acoso escolar nunca debe ser minimizado. Hay que prestarle atención al primer signo de alarma, por más pequeña que fuere. Cuando un adolescente comparte estos temas contigo, siempre debes alentarlo a que lo hable también con sus padres y, dentro de la escuela, con algún docente o directivo para que puedan ayudarlo.

Hazle saber a los padres sobre la situación de acoso escolar

Por lo general los adolescentes no cuentan a nadie que están siendo víctimas de bullying o que saben que alguien más lo está siendo. De ahí la importancia de establecer vínculos de confianza y diálogo, tanto por parte de los padres y maestros, como de los consejeros. Una vez que hayas detectado indicadores de agresión debes comunicarte con los padres, a fin de alertarlos y establecer estrategias en conjunto para sacar al adolescente en cuestión de la posición de víctima, victimario o espectador.

Es fundamental que expliques a todo el grupo de padres de los adolescentes que tengas a tu cargo que sin duda sus hijos enfrentarán o presenciarán algún tipo de acoso o violencia dentro de su entorno escolar. Por eso se torna imprescindible que ellos construyan relaciones significativas y de buena comunicación con sus hijos, para que llegado el momento ellos compartan lo que están viviendo. La necesidad de hablar regularmente con sus hijos acerca de sus sentimientos, sus amistades, su rendimiento académico, y también acerca de su seguridad en el entorno donde se encuentran será clave para hacer frente a esta problemática. Cuanto más ejerciten los padres un diálogo abierto con sus hijos desde edades tempranas, tanto más sencillo será el mantener este tipo de diálogo durante los años de adolescencia e inicios de la juventud. Además, cuando surjan cuestiones importantes, los adolescentes se sentirán confiados de compartirlas con sus padres.

Tanto tú como los padres pueden hacerle a los adolescentes preguntas sencillas y directas acerca de lo que ocurre en la escuela y cuál es su percepción. También es importante brindarles las herramientas de resolución de conflictos y las habilidades sociales que se requieren como para que el adolescente se defienda por sí mismo, sin que los padres salgan en su defensa como primera medida (siempre y cuando no exista riesgo físico inminente). Los padres y líderes deben ayudarle al adolescente a enfrentar las distintas situaciones, en tanto que lo capacitan, lo acompañan y lo sostienen emocionalmente.

Concéntrate en dar herramientas para prevenir y hacer frente al acoso escolar

Por otro lado, es importante que propicies los espacios para capacitar tanto a los padres como a los adolescentes a fin de que tomen conciencia, reconozcan el acoso escolar y le hagan frente. Puedes hacer esto a través de charlas, estudio de casos, servicios comunitarios, o trabajos cooperativos, entre otros. Para la prevención de estas situaciones se debe lograr crear un clima de confianza, respeto, empatía y amor entre los adolescentes y adultos. Además, por supuesto, de promover que experimenten el amor de Dios.

Jesús dijo que nos amemos los unos a los otros así como él nos ha amado, y que también debemos amar a los demás (Juan 13.34). Un adolescente que conoce a Jesús íntimamente actuará bajo el principio del amor. No causará daño a los demás, será sensible hacia las necesidades ajenas, estará firme en quién es él, y contará con el poder que Dios le otorga a través de su Espíritu Santo. Además, con confianza reconocerá que todo lo puede en Cristo, que le da fuerza suficiente para hacer frente a cualquier situación (Filipenses 4.13). ¡Esta es la clase de actitud ante la vida que tenemos que lograr en nuestros adolescentes!

Palabras de Esteban Obando

Cómo abordar el tema del bullying desde la iglesia

El acercamiento al tema del bullying dentro de la iglesia, desde una óptica pastoral, es más preventivo que otra cosa. Los chicos dentro de la iglesia saben que esta práctica es dañina, perjudicial y muy poco cristiana, por lo que no tendrás que abordar, en la gran mayoría de los casos, el tema desde su inicio. Lo que sí es muy importante es que tus chicos puedan ver a la comunidad de creyentes como un lugar desde el cual se ayuda tanto a víctimas como a agresores de esta práctica. Además, el bullying es un asunto de fuerza. Esto es pronunciado en la escuela, donde los chicos están separados por edades, y donde los más fuertes son más fuertes en toda su clase. En la iglesia no pasa esto. Por cada chico que haya, siempre habrá alguien más grande que él o ella que estará alrededor. Esto sin mencionar que allí, en la iglesia, los que practican el bullying serán automáticamente más cuidadosos de lo que hacen.

¿Cómo abordar este tema con tu grupo entonces? El tema del bullying, si bien con este nombre parece nuevo, ya estaba mencionado en la Biblia. No se hace referencia a él como «bullying», ni se habla expresamente del mismo, pero sí se dan parámetros respecto de cuál debe ser la actitud del cristiano. Estas son las cosas que debes de enseñar. El ministerio de la consejería en la iglesia no debe estar desligado de las otras cosas que hacemos. El trabajo ha de ser en conjunto. Programación, enseñanza, dinámicas, todo debe apuntar a objetivos claros, y sin lugar a dudas el bullying es uno de los temas a tocar. Aprovecha el hecho de que los jóvenes vienen a la iglesia o a tu consejería con una «programación automática», una disposición para escuchar sobre asuntos morales y éticos. Esta es una ventaja con respecto a la escuela. ¡Aprovecha que puedes hablarles con descaro de lo que Dios enseña en su Palabra! Déjame darte un ejemplo de cómo puedes hacer esto y algunos principios de orden pastoral...

Uno de los grandes hombres y de los grandes líderes de Israel fue sin duda Samuel. Este fue el profeta que ungió a Saúl, y más adelante al gran David. El respeto que le tenían a este hombre era grande, pero su historia no empezó en la grandeza. ¡Sus inicios fueron en medio de un ambiente de bullying! Esto es lo que leemos en la Biblia sobre Ana, su madre, quien estaba desesperada por tener un hijo:

«En la sierra de Efraín había un hombre zufita de Ramatayin. Su nombre era Elcaná hijo de Jeroán, hijo de Eliú, hijo de Tohu, hijo de Zuf, efraimita. Elcaná tenía dos esposas. Una de ellas se llamaba Ana, y la otra, Penina. Ésta tenía hijos, pero Ana no tenía ninguno.

Cada año Elcaná salía de su pueblo para adorar al Señor Todopoderoso y ofrecerle sacrificios en Siló, donde Ofni y Finés, los dos hijos de Elí, oficiaban como sacerdotes del Señor. Cuando llegaba el día de ofrecer su sacrificio, Elcaná solía darles a Penina y a todos sus hijos e hijas la porción que les correspondía. Pero a Ana le daba una porción especial, pues la amaba a pesar de que el Señor la había hecho estéril. Penina, su rival, solía atormentarla para que se enojara, ya que el Señor la había hecho estéril.

Cada año, cuando iban a la casa del Señor, sucedía lo mismo: Penina la atormentaba, hasta que Ana se ponía a llorar y ni comer quería.» (1 Samuel 1.1-7)

La descripción es clara: Ana estaba sufriendo lo que hoy en día llamaríamos bullying. Si entendemos que tiene que ver con un acoso o agresión de cualquier tipo, con un ataque sistemático y constante, entonces nos daremos cuenta de que esta mujer, Penina, era una agresora que practicaba el bullying, y Ana era su víctima. El texto nos dice que la atormentaba. Otras versiones dicen que la irritaba, la molestaba, o se burlaba. Y esto era con carácter sistemático: «cada año». La pobre Ana sufría en silencio y, de tanto llanto, hasta el apetito se le quitaba. Lo veas por donde lo veas, ¡esto es bullying! Y si sigues leyendo la historia notarás que su esposo (Elcana) se dio cuenta de la situación, no porque Ana se lo dijera, sino porque un día la vio llorando...

Pobre Ana, ¿no es así? ¡Pues esta es la realidad que viven muchos de nuestros chicos y chicas a diario! Burlas, intimidación, y sufrir en silencio. En el caso de Ana, por un asunto de esterilidad. En el caso de tus adolescentes, puede ser por determinadas características físicas o emocionales, o simplemente por no caerle bien al agresor.

¡Debes contarles historias como esta a tus adolescentes! Que conozcan, por ejemplo, el caso de Ana. Así podrán ver cómo Dios la respaldó y nunca la abandonó. Recuerda que los chicos se están desarrollando en la parte social (y es por eso que es tan significativo el cómo los demás lo perciban), pero también se están desarrollando en su parte espiritual, y nos toca a nosotros como consejeros hacerles conocer cómo los mira Dios.

Una parte muy importante en el tratamiento contra el bullying es proveer para la víctima un ambiente de amistad, de palabras de afirmación, y de aceptación sin ningún límite. Un ambiente donde el chico pueda sentir que es amado. Después del hogar, ¡no se me ocurre otro con más posibilidades para llevar a cabo esta tarea que la iglesia! Si tus adolescentes no experimentan esa atmósfera de amor en casa (como sucede comúnmente hoy en día), entonces deberán poder hacerlo en la iglesia. De lo contrario los dejamos sin esa experiencia, porque la escuela no se las va a dar, ni tampoco la calle. No dejes tu parte pastoral de lado. Palabras buenas para la necesaria edificación de los jóvenes siempre vienen bien. Y un abrazo siempre será bien recibido.

ALGUNAS PREGUNTAS QUE DEBES RESPONDER:

¿QUIÉN ESTÁ DETRÁS DE ESTE LIBRO?

Especialidades 625 es un equipo de pastores y siervos de distintos países, distintas denominaciones, distintos tamaños y estilos de iglesia que amamos a Cristo y a las nuevas generaciones.

¿DE QUÉ SE TRATA E625.COM?

e625.com

Nuestra pasión es ayudar a las familias y a las iglesias en Iberoamérica a encontrar buenos materiales y recursos para el discipulado de las nuevas generaciones y por eso nuestra página web sirve a padres, pastores, maestros y líderes en general los 365 días del año a través de **www.e625.com** con recursos gratis.

¿QUÉ ES EL SERVICIO PREMIUM?

zona de contenido PREMIUM

Además de reflexiones y materiales cortos gratis, tenemos un servicio de lecciones, series, investigaciones, libros online y recursos audiovisuales para facilitar tu tarea. Tu iglesia puede acceder con una suscripción mensual a este servicio por congregación que les permite a todos los líderes de una iglesia local, descargar materiales para compartir en equipo y hacer las copias necesarias que encuentren pertinentes para las distintas actividades de la congregación o sus familias.

¿PUEDO EQUIPARME CON USTEDES?

Sería un privilegio ayudarte y con ese objetivo existen nuestros eventos y nuestras posibilidades de educación formal. Visita **www.e625.com/Eventos** para enterarte de nuestros seminarios y convocatorias e ingresa a **www.institutoE625.com** para conocer los cursos online que ofrece el Instituto E 6.25

¿QUIERES ACTUALIZACIÓN CONTINUA?

Regístrate ya mismo a los updates de **e625.com** según sea tu arena de trabajo: Niños- Preadolescentes- Adolescentes- Jóvenes.

¡APRENDAMOS JUNTOS!

e6
25
.com
Sé parte de la mayor
COMunidad de
educadores cristianos
Sigue en todas tus redes a
/e625COM

INSTITUTO
e6
25
CAPACITACIÓN MINISTERIAL
ONLINE DE PRIMER NIVEL
CAPACITACIÓN CONTINUA DE PRIMER
NIVEL, EN CUALQUIER LUGAR Y HORARIO.
CONOCE TU CAMPUS ONLINE
www.institutoE625.com

INSTITUTO
Educación online
www.institutoe625.com
Libros Online
Escuela de Liderazgo
GENERACIONAL Y COACHING
Revista
Líder 625
CONOCÉ TU NUEVO CAMPUS ONLINE
www.institutoE625.com
Tienda con envíos internacionales
Suscripción de materiales premium para iglesias
www.e625.com te ofrece recursos gratis
Seminarios para iglesias locales
Chat en tiempo real
Eventos de actualización ministerial